beck'sche reihe

bsr

Unter den 6500 verschiedenen Sprachen ist Englisch eine der kompliziertesten. Erschwerend kommt hinzu, daß es nicht nur *ein* Englisch, sondern unendlich viele Spielarten dieser Weltsprache gibt. Auf seiner weltumspannenden Forschungsreise hat McCormack, berühmt durch sein grundlegendes Werk „Tief in Bayern", die bedeutendsten Formen und seltsamsten Blüten gesammelt, die die englische Sprache in aller Welt treibt. Anhand seines Reisetagebuches begleiten wir den Sprachforscher auf seiner Weltreise.

Wer Sinn für Sprachwitz hat, die englische Sprache liebt und gerne reist, wird sich in diesem Buch zu Hause fühlen.

R. W. B. McCormack war bis zu seiner Emeritierung Professor für Ethnolinguistik an einer der größten Hochschulen von Rhode Island. Er ist Träger der Alan-Sokal-Medaille für wissenschaftlichen Ernst. Veröffentlichungen: „Tief in Bayern" (München 1993); „Unter Deutschen" (München 1996).

R. W. B. McCormack

Travel Overland

Eine anglophone Weltreise

Verlag C.H. Beck

Mit 18 Abbildungen im Text

Die Deutsche Bibliothek – CIP-Einheitsaufnahme

McCormack, Richard W. B.:
Travel Overland : eine anglophone Weltreise /
R.W.B. McCormack. – 2., unveränderte Aufl.
Orig.-Ausg. – München : Beck, 2000
(Beck'sche Reihe ; 1297)
ISBN 3 406 42097 4

Originalausgabe
ISBN 3 406 42097 4

2., unveränderte Auflage. 2000
Umschlagentwurf: Groothuis + Malsy, Bremen
Umschlagabbildung: Tavenni Maravu Plantation Resort, Fidschi
(Knut Gielen, Visum Agentur)

Gesamtherstellung: C. H. Beck'sche Buchdruckerei, Nördlingen
Printed in Germany

„You speak plenty English. How you learn?"
„Me no learn. Me pick him up."

Ägypten, um 1888

Inhalt

Zum Geleit

Unter den sechstausendfünfhundert Sprachen auf dieser Erde ist Englisch eine der kompliziertesten, wenngleich immer noch einfacher als die Sprache der Khoikhoim-Hottentotten oder der australischen Ureinwohner. Geht es um den Schwierigkeitsgrad einer Sprache, müssen wir Ethnolinguisten ja immer fragen: schwierig für wen? Wann englischsprechende Reisende von *baggage* sprechen, wann sie *luggage* gebrauchen, ist von Ausländern nicht zu durchschauen. Bereits Hermann Hesse ist aufgefallen, daß man eine Fremdsprache erlernen, bewundern, belächeln und dennoch nie ganz verstehen kann. Wenn es stimmt, daß Englisch weltweit das am meisten mißverstandene Idiom ist, so wäre dieser Sachverhalt nicht nur von sprachtheoretischem Interesse. Man stelle sich einen Piloten vor, der die Worte *six zero seven squawk ident* nicht richtig erfaßt. Die Folgen können sehr konkrete Formen annehmen.

Englisch ist wie Rotwelsch oder Küchenlatein eine Mengselsprache. Die Skala reicht vom einfachen Stallknechtenglisch übers Hotelfachenglisch bis zum *Business English*, dessen sich meinetwegen ein Belgier bedient, der in Norwegen mit einem Kroaten geschäftlich verkehren will. So, wie es mehr als eine romanische Sprache gibt, gibt es mehrere englische. Das Schild MOST ENGLISHES UNDERSTOOD in Schaufenstern und an Bürotüren wendet sich an alle englischkundigen Menschen auf diesem Planeten. Ihre Zahl wird auf anderthalb Milliarden geschätzt. Davon dürfte die eine Hälfte korrektes, die andere gebrochenes Englisch sprechen. Auf unserer Reise haben wir kaum Leute getroffen, die des Pidgin nicht mächtig waren. Wenn doch, waren es meist Briten.

Treffen zwei Sprachen aufeinander, behält Englisch die Oberhand. Schließlich war es nicht Robinson, der sich die Inselsprache aneignete, sondern Freitag, der Englisch lernte und seinen Gebieter bald fragte: *If God much strong, much might as devil, why God no kill devil?* Daß Englisch überall auf der Welt auf die gleiche Weise malträtiert wird, ist falsch. Den Sprachgruppen stehen ganz unterschiedliche morphologische Hilfsmittel zur Verfügung. Chinesen legen sich ihre Pidginkenntnisse sogar aus eigenen Fachbüchern mit chinesischen Schriftzeichen zu.

Englisch ist eine Sprache, über der die Sonne nicht untergeht. Die globale Verbreitung kommt nicht von ungefähr. Als Malta im frühen 19. Jahrhundert britische Kolonie wurde, wies der zuständige Minister den Gouverneur an, Italienisch mit allen Mitteln in den Hintergrund zu drängen. Ähnlich die Lage in Afrika: Es sei leichter, den ungeschliffenen Eingeborenen Englisch als Suaheli beizubringen, meldete ein Kolonialoffizier nach London. Den Rest besorgten BBC, British Council und American Enterprise.

Umatac auf Guam
im August 1998 *R. W. B. McCormack*

1. England

Analphabeten aus Angeln in Schleswig erreichten im 5. Jahrhundert eine Insel. Zwischen ihnen und den dort siedelnden Dänen entstand eine Kontaktsprache, anglo-dänisches Pidgin, Urquell des modernen Englisch.

Seinerzeit vielgebrauchte Begriffe wie *lammergeyer, krummhorn* oder *meerschaum* sorgten dafür, daß die germanischen Elemente bald überwogen. Aus dem Lateinischen kamen Wendungen wie *cui bono, bona fide* oder *omnium gatherum.* Das von den Normannen eingeschleppte Französich konnte während der Pest-Epidemie im 14. Jahrhundert vorübergehend zurückgedrängt, trotz *guillotine* aber auf Dauer nicht ausgemerzt werden. Man rechnet heute mit etwa eintausend französichen Lehnwörtern. Manche davon sind unentbehrlich. Im Umkreis des Buckingham Palastes will man auf *affaire de cœur, mésalliance* oder *déshabillé* nicht verzichten. Andere, wie *sauce piquante,* sind überflüssig oder, wie *gourmet British food,* nachgerade sinnlos.

Der romanische Einfluß hat als Gegenstück zum Franglais nördlich des Kanals *frenchified English* entstehen lassen. Aus dem „hearing" wurde die *audition,* aus dem „hearty welcome" eine *cordial reception.* Die romanischen Wörter sind meist länger als die angelsächsischen, was ihre Anziehungskraft ausmacht. Meinungsforscher wissen, daß der in seiner Wahlkabine alleingelassene Wähler im Zweifelsfall den längeren Namen ankreuzt, eine Tatsache, der Leute wie Sir Reginald Aylmer Ranfurly Plunkett-Ernle-Erle-Dax ihren politischen Aufstieg verdanken. Versuche, die englische Sprache zu re-germanisieren, schlugen fehl. *Folkdom* für „democracy", *fore-elder* für „ancestor" oder *gleeman* für „musician" haben sich nicht durchgesetzt. *Blitzkrieg* wurde so stark nostrifiziert, daß manche Engländer sich fragen, ob es ein deutsches Äquivalent dafür gibt.

Inbrünstig hat der elisabethanische Dichter Samuel Daniel die Wirkung seiner Muttersprache auf Londons Handelspartner in aller Welt besungen. Er übersah, daß England seine Sprache nicht nur exportierte, sondern dermaßen viele ausländische Begriffe importierte, daß die sprachliche Handelsbilanz zeitweise zumindest ausgeglichen war. Der *hurricano* bei Shakespeare gelangte aus der Sprache der Taino-Indianer übers Spanische ins Englische. Die Pilgerwörter *nadir, sherbet* oder *zero* sind ebenfalls über mehrere Stationen nach England gekommen. *Guano* ist Quechua. *Chocolate* kennen die Nahuatl als „chocolatl". *Bedlam* stammt sicher aus dem Hebräischen, *check* aus dem Persischen, *junk* aus Java, *gung-ho* und *ketch-up* nicht etwa aus Amerika, sondern aus China. *Zombie* und *mumbo-jumbo* haben ihren Ursprung in Westafrika. Die *pyjamas*, wörtlich Beinkleider, heißen auf Urdu pāē jāmah. In der Kolonialzeit verschmolzen britische und indische Elemente, die Lebenselixiere Brandy und Wasser vermischten sich zu *brandy pani.*

Die *Cafeteria*, die viele für ein italienisches Wort halten, ist in Wirklichkeit eine Leihgabe aus den USA. Dagegen zeigt der Werbespruch *Drinka pinta milka day* eine klare italienische Note. Das Komplizierte ist nur, daß gerade in Milchbars ein russifiziertes Englisch verbreitet ist. Laut Anthony Burgess sitzen dort Hooligans und zermartern sich auf der Suche nach neuen Untaten ihre *rassoodocks*, ihre perversen Hirne.

Achtzig Prozent aller englischen Wörter werden nicht so gesprochen, wie sie geschrieben werden. Dies rührt daher, daß das verschriftete Englisch unverändert blieb, das gesprochene Wort sich jedoch wandelte. Außerdem wurden Lehnwörter samt ihrer Phoneme übernommen. Als Folge stellten sich Mißverständnisse ein, wie sie uns bei diesem Verkaufsgespräch widerfuhren:

„*Have you got any 2 watt 4 volt bulbs?*"
„*For what?*"
„*No, two.*"
„*Two what?*"
„*Yes.*"

Nur drei Prozent aller Briten sprechen Englisch so korrekt aus wie die Altvordern aus der tonangebenden *vnyuersite of oxenforde*. Der Englandreisende steht vor der Alternative, die kleine Minderheit, die sich der *Received Pronunciation* bedient, ausfindig zu machen oder sich an Dialekte zu gewöhnen. Das Englisch von Radio BBC kommt der Received Pronunciation am nächsten. Nachrichtensprecher mußten früher Dinnerjacketts tragen, und manchmal hörte man, zu Stil und Aussprache passend, mitten in eine Katastrophenmeldung hinein eine steife Hemdenbrust krachen. Mit einem Blatt Papier zwischen den Zähnen imitiert man die BBC-Sprecher am erfolgreichsten.

Cockney war ursprünglich eine Angelegenheit der Arbeiter im Londoner East End, ehe es sich von dort aus über den Südosten Englands ausbreitete. Der Begriff leitet sich von *cokeneyes* her, das sind kleine, unförmige Eier, die so aussehen, als hätte ein Hahn sie gelegt. Die Ableitung kam uns plausibel vor, nachdem wir mit *Ahdedo?* anstelle von „How do you do?" begrüßt worden waren. Das th wird durch f ersetzt, aus „thirty" wird *firty,* aus „everything" wird *evrytink*. Das h *(aitch)* wird dort unterschlagen, wo es hingehört *(I'm 'appy to 'elp you),* und hingesetzt, wo es nicht hingehört (*hever* statt „ever"). Vereinfacht ausgedrückt bildet Cockney den Gegenpol zur Received Pronunciation. Genaugenommen sind bei diesem Dialekt aber lediglich die Phonemoppositionen lautlich anders realisiert. Nicht verschweigen sollte man grammatische Verwerfungen à la *I'm not so young as I used to was.*

Wer da meint, Cockney sei schwer verständlich, sollte nach Yorkshire gehen oder wenigstens einen Roman von Emily Brontë aufschlagen:

> *Noa, said Joseph, Noa! that manes nowt –*
> *Hathecliff maks noa 'cahnt uh t'mother,*
> *nur ya norther, bud he'll hev his lad.*

Ein immer noch Zweifelnder könnte sich den nasalen Lauten der *Liverpudlians* aussetzen, wie die Einwohner von Liverpool heißen, oder sich gleich unter die *Brummies* mischen, die Bürger der Stadt *Brummagan* (Birmingham), deren Sprache in der Hierarchie hinter Cockney und Indisch rangiert. Birmingham ist der Ort, wo man nicht „to the pub", sondern *up the pub* geht. Ebendort kamen wir über mehreren Guinness mit einem Einheimischen ins Gespräch. Erst redeten wir über Fußball, dann schilderte er uns den Verlauf einer Siegesfeier mit Showeinlagen. Eine übergewichtige Sängerin hatte ihrer Sehnsucht, ein kleiner Vogel zu sein, musikalischen Ausdruck verliehen: *Then a wench sings summat abart 'I would I were a tiny baerd. 'I dunno abart baerds, but she were a bit of an 'eavyweight for flyin'.*

Im *British Black English* der Industriestädte Mittelenglands finden sich Elemente aus Urdu, Panjabi und den Kreolsprachen der Karibik. Eine mehrfache Verneinung hört sich auf *London Jamaican* so an: *Mii nuo nuo noting at al about noubodii*. Englische Gipsies glauben, Romani zu heißen, *'os we always roam*. Ihre Mischsprache, das Anglo-Romani, nennen sie *posch-ta-posch* (halb und halb). Das Vaterunser und Teile der Evangelien sind in diese Sprache übersetzt worden. Besonders ansprechend fanden wir die Geschichte vom armen Lazarus aus dem Neuen Testament:

> *There was a rich mush with kushti-dicking purple togs. Every divvus his hobben was kushti. By his jigger suttied a poor mush called Lazarus. Lazarus dicked wafedi, riffly as a juk. He was ready to scran anything he could get his vasters on or kur it from the rich mush's table.**

Auf unseren Streifzügen durch London entdeckten wir in einem Schaufenster einen Satz, der den ganzen Hochmut der Aristokratie gegenüber niederen Sprachformen atmete:

> *We speak Danish, Swedish*
> *Yiddish and Rubbish.*

Nicht weit vom Trafalgar Square behauptete ein gutsituierter Herr aus Nottingham, in seiner Heimatstadt gebe es Ärzte, die kein Wort Englisch sprächen. Wie sie die Diagnose stellten, sei ihm schleierhaft. Vielleicht wie die Tierärzte durch *poking?*

Jonathan Swift hatte 1712 die Gründung einer Akademie zur Festschreibung des Englischen vorgeschlagen – vergeblich; die Sprache ist dynamisch geblieben, und das Recht auf den Solözismus zählt zu den Grundrechten. Nur so ist erklärbar, daß ein Parlamentarier hoch geachtet wurde, der seine Reden mit allerlei schiefen Metaphern spickte: *All along the untrodden paths of the future, I can see the footprints of an unseen hand*. Kurz vor dem Ersten Weltkrieg wurde die „Society for Pure English" aus der Taufe gehoben, das vielleicht tapferste Unterfangen der gesamten Sprachgeschichte. Von Oxford aus schickte diese Gesellschaft ihre Traktate gegen Sprachverhunzung ins Land hinaus. Doch standen

* Lukas 16, 19–21

die Sprachwächter damals wie heute auf verlorenem Posten. Das Königreich hat hochgelehrte Linguisten, wir nennen hier nur Sir Randoplh Quirk, seines Zeichens Quain Professor am University College zu London. Aber selbst Quain Professor Quirk ist machtlos gegen die Sprachsünden des Alltags. Ausgerechnet die Victoria Street wird von der Hinweistafel *No entry except for access* verunziert.

Was George Bernard Shaw schon angedacht hatte, wollte die „Simplified Spelling Society" in die Tat umsetzen: eine Rechtschreibreform. „Any" sollte zu *eny*, „breath" zu *breth*, „friend" zu *frend* und „daughter" zu *dauter* vereinfacht werden. Die Initiatoren dieser Reform erklärten ihre Motive so:

> *We rekwier dhe langwej az an instrooment; we mae aulsoe study its history. Dhe presens ov unpronounst leterz, three or for diferent waez ov reprezenting dhe saem sound, three or for uesez ov dhe same leter: aul dhis detrakts from dhe value ov a langwej az an instrooment.*

Die Gründe für das Scheitern der Reform sind uns nicht näher bekannt. Es kam nicht einmal zu einem Volksbegehren, und so müssen Vokabeln wie *one* oder *who* weiterhin ganzheitlich, als Gestalt, gelesen werden.

Shakespeares Geist lebt im Volk. In einem Bordell geriet ein älterer Gentleman in eine Razzia. Der hitzige Greis reagierte, als hätte er im Stillen die Sonette aufgesagt. Nur daß er statt *Flesh stays no further reason* hervorstieß *I'm not stopping now*. Der Polizeibericht ergänzte: *And he didn't*.

Formvollendetes Englisch sprechen die Bediensteten guter Häuser. Über die Ursachen von Churchills Frühgeburt befragt, sagte der Butler: *Although present at the occasion, we cannot recall the facts leading up to it.* Den pluralis majestatis machte sich auch die Premierministerin Thatcher zu eigen, als sie verkündete: *We are a grandmother*. Hochgestellten Persönlichkeiten, zumal den Royals, nähert man sich mit hyperkorrekten Formulierungen: *Would your Majesty care to honour us with a few words?* Es kann allerdings passieren, daß man auf eine gestelzte Frage eine agrammatische Antwort erhält. Eine Lady, welche schon früh mit Stallknechtenglisch in Berühung gekommen und weit übers United Kingdom hinaus bekannt geworden war, weil sie zwischen

Champagnerschlucken Kriegskrüppel tröstete, sagte nach dem Besuch eines Heims für Behinderte: *They were very ill, some of them. Some no legs and all sorts of things.*

Mit einer Stippvisite beim *Great Yarmouth Open Bowels Festival* in East Anglia beschlossen wir die erste Etappe unserer Sprachreise.

2. Schottland

Wäre Jesus Schotte gewesen, er hätte zu seinen Jüngern gesagt: *Lat us gang ower till the other side o' the loch!* – laßt uns zur andern Seite des Sees rudern. Die schottische Sprache ist oft totgesagt worden. Robert Burns' Werke konnten selbst viele seiner Zeitgenossen nur mit einem Glossar lesen. Die Schotten pflegen nämlich nicht nur eine spezielle Aussprache, die so breit ist, daß die Zunge manchmal zu dick wird für den Mund. Sie verfügen auch über einen eigenen Wortschatz. Anspruchsvolle Vokabeln wie *intromissatrix*, *stellionate* oder *stupration* erschließen sich nicht ohne weiteres. Schotten sprechen eben *thir own leid* („their own language"). Deshalb enthält British English oder Scottish English keine contradictio in adjecto. Ein schottischer Linguist hat sogar vorgeschlagen, Englisch in *Beurla* umzubenennen und die Taxonomie auf englisches Beurla, schottisches Beurla oder amerikanisches Beurla umzustellen. Dieser Vorschlag wird zur Zeit anscheinend nicht mehr diskutiert.

Daß das Stereotyp vom schottischen Geiz einen wahren Kern hat, lassen Apophthegmen wie *Many a mickle makes a muckle* erahnen. Aber gerade auf dem sprachlichen Sektor bieten sich Gegenbeispiele an. In den schottischen Highlands geht man mit Vokalen, besonders mit dem „u", sehr freigebig um. Aus dem „girl" wird das *girrul*, aus dem „worm" der *wurrum* und aus dem „film" der *fillum*. Schotten sind zweisprachig. Mühelos wechseln sie vom schottischen ins britische Englisch, von *piece* zu „sandwich", von *bairn* zu „child" und von *bonnie* zu „beautiful". Der Unterkiefer wird vorgeschoben, dadurch geraten die Selbstlaute schön rund.

Einige der alltäglichsten Wendungen hatten wir bald intus. *How are you keeping?* entspricht dem „How are you?" Mit *cheerio just now* verabschiedet man sich. Man kann auch sagen *That's me away* oder *That's me awa hame* – „I'm going home now". Gerne hängen sie ein *eh* an den Schluß eines Satzes: *Ye'll be wanting yer tea, eh?*

Schottlands kulturelle Hauptstadt ist Edinborough, von den Einheimischen *Embro* genannt. Dort spürt man die Herablassung gegenüber den Bewohnern von Aberdeen, die als provinziell und selbstbezogen gelten. In der Tat: Nach dem großen Schiffsunglück hieß es in der Lokalzeitung: *Titanic sunk – Aberdeen woman missing*. In noch schlechterem Ruf stehen die Bürger von Glasgow oder *Glesca*, deren Sprache viele für hoffnungslos verderbt halten, gerade gut genug für den Rinnstein. In Glasgow klingt „where" wie *whaur* und „tomorrow" wie *ramorra*. In den Discos fragen die Jünglinge *Jiwanne dance? Murra* steht für Mutter und *brurra* für Bruder. Mitunter fühlt man sich ans Italienische erinnert wie bei diesem Liedanfang:

Geeza punna burra furra murra
Geeza baura churra furra wean ... *

In Glasgow wird die Orthographie von der Aussprache bestimmt. Man hat auch von einer Rechtschreibung ad hoc gesprochen. Nach Beispielen mußten wir nicht lange suchen. Vor einer Baustelle stand auf einem Schild für Fußgänger: *Pleaze yous Uther Fitpath*.

Rasch durchquerten wir das überforschte Wales. Unsereiner hatte als Student „Under Milk Wood" von Dylan Thomas verschlungen und wußte, daß der Waliser gerne ein *look you* in seine Sätze streut und daß *cwm* keine Abkürzung ist, sondern „valley" heißt. Federführend für den Erhalt des Anglo-Walisischen ist die Welsh Language Society oder einfach Cymdeithas yr laith Gymraeg. Sie hat keinen leichten Stand, denn Englisch ist eine Killersprache, die Cumbrish, Cornish, Norn, Manx und Gaelisch auf dem Gewissen hat. Auf der Isle of Man gibt es noch ganze 643 Sprecher von Manx. Cornish hat eine Zeitlang im südwestlichen Cornwall überdauert. Die letzte Person, die fließend Cornish sprach, war eine gewisse Dolly Pentreath aus der Ortschaft

* Give me a pound of butter for my mother
Give me a bar of chocolate for the baby ...

Mousehole, und die Sprache verschwand mit ihr in demselben. Gaelisch war gelegentlich noch in der Region Glasgow zu hören (*Does she have the Gaelic?* – spricht sie Gaelisch?), wurde ansonsten aber abgedrängt auf die Hebriden und an die westirische Küste und ist nur auf diese Weise dem Linguizid entgangen.

3. Irland

Die Landessprachen sind Irisch und Englisch. Hiberno-Englisch sagen diejenigen, denen der Begriff Irish English doch zu paradox vorkommt. Die Iren sind große Geschichtenerzähler, und mit *Irish blarney* gibt es einen eigenen Ausdruck für ihre improvisierte Beredsamkeit. Sie können aber auch schweigen, wie wir einer Tafel in einer Bar in Sligo entnehmen konnten:

It's better to remain silent
and thought a fool
than to speak up
and remove all doubt.

Die Sprecher von *Radio Telefis Eireann* liegen etwas neben der „Received Pronunciation" des United Kingdom, setzen sich aber auch ab von der „Received Ulster Pronunciation" in Nordirland. Die Dubliners halten ihre Aussprache sowieso für die einzig wahre. Die Arbeiterklasse in dieser Stadt verzichtet gänzlich auf das „tee-aitch" und sagt zum Beispiel *Dere was tirty-tre of dem.* Der breite Dialekt heißt *Irish brogue*, weil er klingt, als hätte man einen Schuh auf der Zunge (*bróg* = Schuh). Wo sich das Schottische ins Irische mischt – *A'm soary tae hear thaat* –, wird der Akzent besonders dick.

Wir erhielten einen Eindruck von der Landessprache, als wir in einem kleinen Ort nahe der Grenze zu Nordirland in eine Hochzeitsgesellschaft gerieten und hörten, wie ein Gast den Bräutigam fragte, ob er seine korpulente Braut auf einmal heimführen wolle: *Hay Sammy, will ye bring her all haim in one laid?*

Iren sind bekannt für ihre spontanen Ausrufe. *Arrah* signalisiert Ungeduld. *Begorra* heißt „by God" und *bejabers* meint „by Jesus". Sie lieben *a whiskey* und den unbestimmten Artikel. Die ganze Insel ist ein Museum für archaische Wörter. In besagter Bar in Sligo eröffnete uns ein alter Herr: *I was born in nineteen-naught-one*. Manche Wörter konnten wir auf Anhieb nicht verstehen. *That yin has been fed on the blanter* mußten wir uns übersetzen lassen: Der Typ wurde mit Haferkörnern gefüttert.

Gerne stellen Iren ihren Fragen ein „and" voran. *An' do you like it?* haben wir viele Male beantwortet und immer auf die gleiche Weise. Besonders zugesagt hat uns das schier unerschöpfliche Reservoir an gemischten Metaphern. Am Ende wähnten wir uns selbst *on the eve of the dawn of a new day*. Die Malapropismen, wie der Fachmann sie kennt, sind benannt nach Mrs. Malaprop aus einem Stück von R. B. Sheridan. Sie sollen entstanden sein, weil die Engländer den Iren eine fremde Sprache aufgezwungen haben. Man könnte es fast glauben, wenn man einen Dubliner sagen hört: *You are standing on the edge of a precipice that will be a weight on your neck all the rest of your life.*

Ob auch Finnegans Wake als Rache für den auferlegten Sprachzwang zu deuten ist, wollten wir dahingestellt sein lassen. Aber aus zuverlässiger Quelle erfuhren wir, daß in den H-Blocks nordirischer Gefängnisse wieder mehr Gaelisch gelernt wird.

4. Frankreich

Charles de Gaulle war auch linguistisch gesehen ein großer Sohn seines Landes. Vier Jahre lang lebte er in London, machte von der englischen Sprache allerdings nur in Notfällen Gebrauch. Historisch gesehen begegneten Franzosen dem Englischen mit Reserve. Selbst auf der internationalen Fremdsprachen-Messe in Paris, der „Expolangue", war dies noch zu spüren. Man sei *in a twice bigger hall* umgezogen, hieß es im Einladungstext. Wo sollten junge Franzosen und Französinnen korrektes Englisch denn lernen? Mußte es ihnen nicht so ergehen wie einst dem Jüngling aus Calais, der seiner Freundin aus Dover sagen wollte „When I look into your eyes, time stands still", aber nur hervorstieß *Your face could stop a clock.*

Zu der Zeit glaubte der national geeichte Autor René Étiemble, das Angloamerikanische sei schon viel zu weit vorgedrungen. *Dans la pub* würde die Jugend *entre deux drinks* nur noch mit englischen Brocken um sich werfen. *Camel ou Lucky?* lautete dort

Französische Anzeige aus den 1950er Jahren für Hosen aus grobem Drillich, in den USA *denim* (de Nîmes!) genannt.

die tiefste existentielle Frage. Die Moral dieser Generation sei problematisch (*toujours pour les outlaws et contre les sheriffs*), und wenn es so weitergehe, müsse *le stamping out des caractéristiques nationales* befürchtet werden: Frankreich würde zu einem *protectorat yanqui* herabsinken. In der Tat: die Pariser brachen zu *un footing* im Bois de Boulogne auf, sie betraten den Drugstore *pour acheter un eyeliner* und sie waren unermüdlich auf der Jagd nach *le coming thing*. François Mitterrand erlitt einen Schock, als er auf dem Pariser Automobilsalon eines Slogans der Firma Peugeot ansichtig wurde: La Voiture branchée au sacré *look*.

Die Bannerträger der Frankophonie behaupten, englisch bestehe aus dem Sprachmüll, den verschiedene Völker an Englands Küsten abgeladen haben. Sie verschweigen, daß Franzosen sehr wohl an dieser Entsorgung beteiligt waren. *Pork* – ein französisches Lehnwort! Ein *pig* wird sozusagen auf englisch gemästet und auf französisch verspeist. Tennis kommt von *tenez* und kehrte in Gestalt des *tennisman* nach Frankreich heim. *That goes without saying* ist eine Leihübersetzung von *cela va sans dire*. *Le perfide Albion* gibt nur retour, was es einmal aus Frankreich empfangen hat. Die linguistische Kontoführung ist gründlich durcheinandergeraten. Engländer sprechen vom *savoir-faire*, Franzosen vom *know-how*. Als Kompromißbildung ist Franglais entstanden, das von seinen besten Kennern ungefähr so beschrieben wird: *Si vous êtes un first-time reader de Franglais, welcome! Franglais est comparativement painless et ne donne pas un hangover.*

Doch anders als in Deutschland oder Italien, wo linguistischer Freihandel herrscht, ist man in Paris entschlossen, *le bon Français* nicht kampflos aufzugeben. Man will sich nicht darauf verlassen, daß Wörter wie *pink-sheet*, *pocket-crazy* oder *polopunch* sich ohne staatliche Einwirkung von selbst wieder aus dem Französichen verabschiedet haben.

64 Prozent aller Franzosen sprechen überhaupt kein Englisch. Die Regierung will, daß dieser Anteil stabil bleibt oder sich sogar erhöht. Deshalb verfolgt der Elysée eine protektionistische Sprachpolitik. *Fast food*? No, merci, wir haben die *formule rapide*. *Le Shuttle* im Kanaltunnel wurde in *La Navette* umgetauft, anderen englischen Begriffen eine französische Schreibweise verpaßt. Aus dem „meeting“ ist eine *métinque* geworden, aus dem „ticket“ ein *tiquet* und aus der „bowling green“ eine *boulingrin*. Die sukzessive Französisierung soll bewirken, daß man vom *chewing gum* über *chouin gomme* zu *la gomme à macher* gelangt.

Daß gerade Franzosen ihre nationale Identität über die Sprache suchen – wer hätte kein Verständnis dafür? Und so nickten wir bloß, als in der Fernsehwerbung die Autofirma Ford ihre *air bags* als „coussins conflables de protection“ anpries. Aber daß im nachfolgenden Western *Gimme a shot of red-eye* im Untertitel als „Un Dubonnet, s'il vous plaît“ aufschien, kam uns dann doch ein wenig übertrieben vor.

Sechzig Millionen Menschen „*surfent* sur le net“, lasen wir im „France soir“. Die „*Surfeurs* dans le cybermonde“ mußten sich auf einiges gefaßt machen, denn „il a la possibilité de tomber sur un site très *hard* sexuellement“. Erwartungsgemäß traten die ethischen Bedenken der *User* des Internet hinter die Klagen über die Dominanz des Englischen zurück. Ein amerikanischer Anbieter im World Wide Web ist ob seines sprachmonopolistischen Gebarens bereits verklagt worden. Frankreichs Staatspräsident erklärte auf dem Frankophonie-Gipfel in Hanoi, er werde einen Millionenbetrag für die Suche nach französischen Ersatzbegriffen bereitstellen. Erste Erfolge haben sich eingestellt. Aus „software“

und „hardware“ wurden *le logiciel* und *la matériel*. Die E-mail heißt jetzt *adresse electronique*. Bestimmte Worte wie „interface“, „application“, „memory“ oder „menu“ holte man sich einfach aus England zurück, wohin man sie ab dem Jahr 1066 ausgeliehen hatte.

Bei früheren Aufenthalten war uns regelmäßig ein Schild an der Hotelrezeption aufgefallen: *Please leave your values at the desk*. Eine Boutique an der Rue Lafayette verkaufte *dresses for streetwalking*. Vorbei! Der Minister für Frankophonie und verschiedene Kommissariate sind drauf und dran, die Vormacht des Englischen zu brechen. Zwei Gesetze schreiben den Gebrauch des Französichen in Handel und Gewerbe vor. Zuwiderhandelnde werden bestraft. Die Firma Evian hatte sich mit *le fast drink des Alpes* zu weit vorgewagt. Einer Restaurantkette wurde zum Verhängnis, *Hamburger* statt *steak haché* angeboten zu haben. Dem Tabakkonzern Seíta war eingefallen, *filter cigarettes* statt *cigarettes filtrées* zu vermarkten. TWA hatte sich dazu verstiegen, am helllichten Tag einen rein englischsprachigen *Boarding pass* auszuteilen. Nicht einmal die Pariser Oper kam ungeschoren davon. Sie hatte den Titel *Buzzling Brown Sugar* ins Französische zu übersetzen versäumt.

Englisch wanderte in den *Underground*. Auf unseren nächtlichen Spaziergängen entdeckten wir in einem dunklen Boulevard eine einsame *Muscle & Fitness Cie*. Verzweifelte Unternehmer sind in einer Art von *civil disobedience* dazu übergegangen, quasi unter den Augen der Polizei bestehende Sprachgesetze zu brechen. An der Place d'Italie wurden *Hot Wings*, *Kentucky Nuggets* und *la salade Coleslaw* feilgeboten. Daneben, bei der Konkurrenz, zeugte ein *Happy Meal*, bestehend aus *Best of les Potatoes*, von der linguistischen Verkommenheit der Metropole.

Wie sah es in der Provinz aus? In Besançon verkaufte ein Textilgeschäft ungeniert *patchwork*. Im Imbißstand: *sandwiches* und *ket-chup*. Beim Coiffeur: *shampooning et brushing*. Im Lokalfernsehen durfte anscheinend ohne Sanktionen für das Antischuppenmittel *Head & Shoulders* geworben werden. War Englisch doch zu mächtig? Im Restaurant „Au Feu Vert“ ertönte das Lied *Unbreak My Heart*, in der Kathedrale Saint-Jean erklangen englische Choräle und auf einer Parkbank stand in ungelenken Lettern *Skinheads NS White Power*.

An der Gare de l'Ouest wurde das Prinzip der Eigensprachlichkeit buchstäblich durchbrochen.

Fast schien es, als ließe sich das Englische nicht wirksam kriminalisieren. Trotzdem blieben wir auf der Hut. Denn vom sprachlichen Standpunkt aus mußten wir als äußere Feinde gelten. Nicht daß wir eine Verfolgung durch die Sprachpolizei befürchteten, aber bestimmten französichen Intellektuellen mußten wir als *fastthinkers* verdächtig sein. Keinesfalls wollten wir uns in „Qui vive" wiederfinden, dem einflußreichen Organ der Sprachwächter.

Wo's um größere Beträge geht, läßt der Staat Ausnahmen zu. Beim *Airbus*-Konsortium in Toulouse ist die Verkehrssprache Englisch. Bei der Fußballweltmeisterschaft durfte Sponsor Mc Donald's als offizieller Lieferant die Ehe zwischen *Foot* und *Food* verkünden. Auch Eurodisneyland vor den Toren von Paris läßt man ungeschoren. Jedenfalls hat noch niemand vorgeschlagen, diese amerikanische Humorvollzugsanstalt in Pays d'Isney umzubenennen. Dagegen muß eine Zeitung mit Schwierigkeiten rechnen, die den Clinton-Lewinsky-Skandal mit *Sexgate* umschrieb. Und die Musiker des *Hot Club de France* könnten sich bald im Chateau d'If wiederfinden und *blue notes* in die Wände kratzen.

Nüchtern betrachtet sind die Ängste der Franzosen vor einer totalen Amerikanisierung übertrieben. Die französische Sprache ist stark und schlägt immer wieder durch. Das wurde uns so richtig bewußt, als uns draußen in der Dordogne der Sheriff einer Westerntown mit den Worten begrüßte: *Hi ya, pardners, comment ça va?*

5. Deutschland

„Wir haben Babyfood an Bord", flötete die Stewardess und beugte sich tiefer zu der jungen Mutter hinunter.

„Wie bitte?"

„Wir haben Babyfood an Bord – Kindernahrung."

Wir konnten unserem Thema nicht entrinnen. Nicht einmal auf dem Lufthansaflug von Dublin nach Frankfurt. Stewardessen in Luftgesellschafterinnen umzubenennen, war nach dem Zweiten Weltkrieg fehlgeschlagen. Aber mit ihrem jetzigen Namen waren die Damen ebensowenig zufrieden. Statt dessen wollten sie Hostess oder Flugbegleiterin heißen. Ob es sich herumgesprochen hatte, daß Steward sich von *sty-ward* herleitetet? Hinter vorgehaltener Hand lief die *economy class* unter Schweineklasse.

Die Anglisierung der deutschen Sprache begann im Jahr 1679, als in Hamburg ein *Coffee-house* errichtet wurde. Später sagte man Kaffeehaus, dann Café, zur Zeit *Coffeeshop*. Viel hat sich demnach in den dreihundert Jahren nicht getan. Nur die „Caffe-Menscher" gibt's nicht mehr, liederliche Weibsbilder „so in denen Caffe-Häusern das anwesende Mannsvolk bedienen und ihnen alle willige Dienste bezeugen". Oder vielleicht doch? Wir beschlossen, die Ohren offenzuhalten, als wir uns im Coffeeshop des *Deutschen* Museums niederließen, und wurden Zeugen folgenden Gesprächs:

„Bist du momentan sehr *busy*?"
„Ja, ich habe heute schon ein *date*."
„*Okay*, dann gib mir deine Nummer, *I call you* morgen."
„*Why not*, also bis *tomorrow*."

So weit waren sie also gekommen, die Deutschen, seit sie im 18. Jahrhundert *closet, pleasure ground* und *lump sugar* aus England importiert hatten. Im West-östlichen Divan verwendete Goethe das Wort *bewhelmen*, im Sinne von bedecken, das er aus nur ihm bekannten Gründen von „to overwhelm" abgeleitet hatte. Als Meister des Anglo-Germanischen erwies sich Karl Marx, der im Londoner Exil über Garibaldi schrieb: „Dann sollte er *come out in the strongest possible way* für Polen".

Für Jacob Grimm bildete Englisch die Synthese aus den beiden edelsten europäischen Sprachen, der teutonischen und der romanischen. Klopstock dagegen erklärte brüsk: „Wer mich verbrittet, ich hass ihn". In der Zeit vor dem Ersten Weltkrieg beklagten viele Deutsche die überhandnehmende „Engländerei". Von Staats wegen wurde ein Kolonialdeutsch entwickelt, auch Weltdeutsch genannt, um dem Pidginenglisch global die Stirn zu bieten. Im Dritten Reich brachten national gesinnte Deutsche das British Council mit dem Untergang des Abendlandes zusammen. Die Reichsmusikkammer bedrängte die *Comedian Harmonists*, ihren englischen Namen abzulegen. Doch gleich nach dem Krieg nahmen *Die drei Travellers* den Faden wieder auf, der von den *Updates* aus Johanniskirchen, den *Skylabs* aus Landau an der Isar und von *Poops 'n' Run* aus Tuntenhausen weitergesponnen wurde.

Heute *relaxen* die Deutschen beim *Shoppen* und *däncen* in der Disco voll ab. Die Stimme aus dem Lautsprecher kommt *leifig* rüber. Der Abwehrkampf besorgter Linguisten muß als verloren gelten. Ein älterer Paderborner Anglist hatte *After Shave Lotion* und *King Size* als „sprachliche Unsitte ohnegleichen" empfunden und *Showbusiness* durch „die leichte Muse" ersetzt wissen wollen. Heute wäre er froh, wenn es dabei geblieben wäre. Kürzlich erläuterte ein Münchner Generalintendant die Struktur des deutschen Beitrags zur Expo 2000 mit den Worten, es werde eine *preshow*, eine *main-show* und eine *post-show* geben. Dieser Mann hatte sich bei Disney in Orlando (Florida) inspirieren lassen.

Würzburger Germanisten führten das *Videoconferencing* mit Exeter ein. Den wenigsten Teilnehmern war gegenwärtig, daß man in der Wissenschaft einmal deutsche Fremdwörter benötigt hat. Die Veröffentlichung eines Mathematikers aus Cambridge zu einer programmierbaren Maschine hatte den Titel „On Computable Numbers with an Application to the *Entscheidungsproblem*" getragen. Heutzutage kommt Deutsch im wissenschaftlichen Diskurs höchstens noch als unfreiwillige Selbstparodie vor, etwa wenn ein in Harvard gewesener Gelehrter behauptet, eine Zahl könne man noch *runterbrechen* („to break down"). Das Computerwesen ist fast vollständig durchanglisiert. „Die Maus", heißt es in einer Intellektuellenzeitschrift, „ist das *device* einer ergonomisch gestalteten Benutzeroberfläche, mit dem *look* eines *Cartoon* und dem *feel* eines Handschmeichlers".

Ungefähr ein Zwanzigstel der deutschen Umgangssprache besteht aus Anglizismen und Amerikanismen. Weil zwei Drittel der Bürger keinerlei Englisch können, muß der Rest ein Übersoll erfüllen. An die Spitze dieser Gruppe hat sich die *Aftersun-* und *Bodylotion*fabrikantin Jil Sander gesetzt: „Mein Leben ist eine *giving-story*. Ich habe verstanden, daß man *contemporary* sein muß, das *future* Denken haben muß. Meine Idee war, die *hand-tailored*-Geschichte mit neuen Technologien zu verbinden. Und für den Erfolg war mein *coordinated concept* entscheidend, die Idee, daß man viele Teile einer *collection* miteinander *combinen* kann. Aber die *audience* hat das alles von Anfang an auch *supported*. Der problembewußte Mensch von heute kann diese Sachen, diese *refined* Qualitäten mit *spirit* eben auch *appreciaten*. Allerdings geht unser *voice* auch auf bestimmte Zielgruppen. Wer *Lady*sches will, *searcht* nicht bei Jil Sander. Man muß Sinn haben für das *effortless*, das *magic* meines Stils."

Im Radio hörten wir uns eine als deutschsprachig angekündigte Schlagerparade an. Recht günstig im Rennen lag das Lied *Happy Guitar*. Das Fremdsprachige wird nicht mehr als solches erkannt. Eine große Sonntagszeitung meldete, der BMW-*Chopper* werde umgetauft und heiße jetzt „neudeutsch *Cruiser*". Ein Nachrichtenmagazin erklärte seinen Lesern den Begriff „Jacuzzi": „Das ist ein *Whirlpool*". Noch weiter ging ein Sportfunktionär in einem Kommentar zu Spielerverkäufen. Er hielt den englischen Begriff für verständlicher als den deutschen. „Im Ergebnis", sagte er, „im *result* sozusagen", habe das Bosman-Urteil böse finanzielle Folgen. Unser Mitgefühl galt einem Kollegen aus Frankfurt, Anglist seines Zeichens, der am Kiosk eine „große Schachtel" seiner Zigarettenmarke verlangte und von der Verkäuferin nach anfänglichem Zögern zu hören bekam: „Ach so, die *bick bocks* meinen Sie."

Wer sich, von Radebeul kommend, der Porzellanstadt Meißen mit der Eisenbahn nähert, nimmt als erstes die *Golden Arches* einer Firma wahr, die global noch weitere 23299 Filialen betreibt. Die Zentrale hatte gerade „amerikanische Wochen" angeordnet, um gegen *Big-Biss* und andere Konkurrenten bestehen zu können. Vergeblich blieb unsere Suche nach dem Lokal *Zum Goldbroiler*, wo wir als Studenten sorglose Stunden verbracht hatten; es existierte nicht mehr. Die neuen Bundesländer legten sich gerade ein neues Gesicht zu. In Bitterfeld hatte der Besitzer des Lokals *The Door* eine Holztür quer ins Schaufenster gehängt, und in der Walter-Rathenau-Straße gab's abends Live-Musik mit der Gruppe *Trouble*. Wohler fühlten wir uns in Kneipen mit Namen wie „Seidnitzer Stübchen" oder „Zum Schälchen Heeßn". Und am tiefsten schliefen wir in der Pension „Erholung" in Rothenstein.

Auf einer von Ruinen gesäumten Bahnstrecke gelangten wir nach Schwerin und stiegen im *Holiday Inn Crown Plaza* ab. Der Höhepunkt dortselbst war das zum Nachtisch gereichte *Bombastic* Vanille-Eis. In Dresden, unserer nächsten Station, suchten wir die Goethe-Buchhandlung in der Bautznerstraße auf. Sie lag gleich neben *Conny's Container*, einem Fotogeschäft mit Farbabzügen à 19 Pfennig. Am Schillerplatz passierten wir *Snack's*, ehe wir in der Neustadt bei *Schmöcker & Comic's* nach Antiquarischem stöberten.

Es fiel nicht leicht, für das Beitrittsgebiet eine sprachliche Zwischenbilanz zu ziehen. Daß ein Autohändler in Eisleben seine *coolen* Modelle anpries, ließen wir uns noch gefallen. Aber im Dunkeln blieb, warum ein Textilgeschäft mit dem Slogan warb: *Bei Ernsting's family kommt die Family in Mode.*

Zu DDR-Zeiten war Englisch keineswegs verpönt gewesen, man denke an den *Intershop*. Der „Schallplattenunterhalter" wurde rasch durch den *Discjockey* ersetzt. In der holzverarbeitenden Industrie lief das Abrunden von Türkanten unter dem anspruchsvollen Begriff *softforming*. Ein volkseigener Betrieb warf ein Erfrischungstuch unter dem Namen *Quick fresh for everybody* auf den Markt. Wie es einer Volksdemokratie geziemte, kamen zahlreiche Tautologien – *Limit*grenze, *Service*dienst, *Test*versuch – zustande.

Das englische Repertoire eines richtigen Berliners hatte nie viel mehr als *oh yes, mixed pickles, watercloset* und *beefsteak* umfaßt. Andere Länder waren auf diesem Gebiet seit jeher weltoffener gewesen. Übers Vogtland reisten wir nach Bayern, das wir von einem früheren Aufenthalt her kannten. Damals hatten wir geschrieben: „Ist das Verhältnis der Bayern zu Fremdsprachen nicht uneindeutig, so darf die Beziehung zum Englischen als entspannt gelten."* Nun war es uns vergönnt, die tiefsten historischen Ursachen für diesen Sachverhalt zu ergründen. Sie haben mit der Nachkriegsgeschichte und der Besatzungspolitik zu tun. Bayrische Bürger mußten aus existenzieller Not Englisch lernen, um das von der Militärregierung erlassene Brauverbot zu Fall zu bringen. Die Brauerlobby verlangte eine Aufhebung dieses Verbots mit der Begründung, eine ausreichende Getränkeversorgung sei unverzichtbar, *a proper drinksprovision is indispensable.* Inzwischen bewegen sich die Bayern im englischen Idiom mit schlafwandlerischer Sicherheit. Man erahnt Münchens polyglottes Flair, wenn die Ordner auf dem Oktoberfest einem ausländischen Gast zurufen: *Sit down, please, sitz di hi, du Depp du ...*

Von der Landeshauptstadt wanderte die Anglophilie in die Provinz hinaus. Auf Oberbayerns Volksfesten wird – mit einem letalen Gebräu – die Goaßmaß-*Time* angesagt. Niederbayrische Landwirte betreiben Direktvermarktung mit dem Spruch *Shoppen beim Bauern* (während das Deutsche Theater im ordinären Berlin ein Stück mit dem Titel *Shoppen und Ficken* aufführte). Bayern gehört zu den Landesteilen, in denen Englisches nicht mehr als fremdsprachlich registriert wird. Sein Werbematerial rühmte der Chef eines Pfarrkirchner Möbelhauses mit den Worten: „Wenn's unsre Prospekte o'schaun, die *Headline* is immer bayrisch."

Die englische Sprache diffundiert bis in die hintersten Winkel des Bayerischen Waldes hinein. In der Nähe von Zwiesel firmiert eine Hundeschlittenschule als *Waldschrat Adventure Tours.*

Ein kleines Problem ist für bayrische Gaumen seit je die Aussprache gewesen. Wir erinnerten uns an einen Flug vom Kennedy-Airport nach Erding, als nach geglücktem Start der bayerische Flugkapitän erklärte, man werde in Kürze *Broffidence* und *Nju Häffn* überfliegen. Einen Eindruck von der Breite deutscher Dialekte erhielten wir, als ein Mitreisender *Wonn Bier, wonn Goola, blies* verlangte. Die korrekte Aussprache ist unabhängig vom Bildungsgrad. Hochdotierte Fußballtrainer tun ihren *Tschopp* und Literaturhengste interpretieren *Fiktschn.* Wer im rechten Moment

* Tief in Bayern, Frankfurt 1991, S. 6.

Äktschn! schreien kann, hat die erste Qualifikation als Nachwuchsregisseur schon erbracht.

„Da ist die *Motion* schon 'n bißchen raus", stammelte ein Schriftsteller nicht ins Ohr seines Logopäden, sondern ins Mikrofon eines Kulturredakteurs. *Selfmade*-Englisch ist ein neues, kaum erforschtes Phänomen. Deutsche halten *Dressman, Twen* oder *Talkmaster* für genuin englische Begriffe. Den *Profi* gibt es nur hierzulande, in Amerika reicht Pro. Die Deutschen wollen *safer sex*, der Positiv reicht ihnen nicht. Zum *Second-Foot*-Reitstiefel wollen wir uns an dieser Stelle nicht äußern.

„Englisch ist eigentlich keine Fremdsprache mehr, sondern zweite Muttersprache", erklärte der deutsche Bildungsminister, und für den britischen Schauspieler Peter Ustinov hatte die deutsche Versiertheit im Englischen sogar etwas Beängstigendes. Doch gibt es Grenzen. Man denke an die *Spare Rips* und andere Köstlichkeiten auf den Speisekarten. Aufregung kommt als Fehlerquelle in Betracht. Der Bürgermeister einer Stadt im Ruhrpott wurde der Sängerin Madonna als *the Major of Duisburg* vorgestellt. Ein Fernsehmensch verabschiedete den großen Benny Goodman mit den Worten: *I hope you come good back to the United States!*

Deutsche kleben zu sehr am Text, wenn sie Fine Arts mit *Feine Künste* übersetzen. Mit Hochdruck wird an maschinellen Übersetzungen gearbeitet. Die Verszeilen „Wir sind doch nunmehr gantz/ ja mehr denn gantz verheeret" kamen so heraus: *We are nevertheless now entire, devastates yes much then entirely.* Etwas Undefinierbares schien im Computer hängen geblieben zu sein.

In einem Lokal in Chelsea hatten wir einmal einen Deutschen erlebt, der ungeduldig hervorstieß: *So when do I become a sausage?* Man nennt diese Sprachform Lübke-Englisch, nach seinem Erfinder, einem Bundespräsidenten. Überall im Lande hat es seine Spuren hinterlassen. Vor einem Zeltplatz lasen wir auf einer Tafel:

> *It is strictly forbidden on our*
> *camp site that people of different*
> *sex, for instance men and women,*
> *live together in one tent, unless they*
> *are married with each other for*
> *that purpose.*

Erinnerung an die Tage in der Villa Hammerschmidt: „... and than said the president. I have heared, poor fellows, you must always burn with cameldung. That's stinking. I'll give you Entwicklungshilfe. Take this fine german-brown-coal for your fireplaces!“

Apropos: Unser Londoner Verleger wurde von der Leitung der Frankfurter Buchmesse schriftlich aufgefordert, den zu hoch ausgefallenen Bücherstand zu verkleinern und seine *five foot erection* den Vorschriften anzupassen.

Englisch hat früher nur bei den Sportarten der Besserverdienenden (*hole-in-one; thirty-all*) eine Rolle gespielt, mittlerweile aber den Breitensport erreicht. Eine Lichtgestalt des deutschen Sports erklärte nicht ohne Stolz, der FC Bayern sei eine *company,* und prahlte bei einem Festbankett vor einem ausländischen König: *We are first in the league*. Sein Stellvertreter mochte da nicht

nachstehen und verwies die Nachricht von einem bevorstehenden Trainerwechsel in die *kättegori* der Gerüchte.

This was the i-point on my career ist ein Satz, der sich, um in der Reportersprache zu bleiben, nicht mehr *toppen* läßt. Der Sportjournalismus hat mit seinen *Dispatcher*räumen, *Shot*listen, *off-tube*-Maschinen, *line-lock*-Systemen und Multi*track*maschinen einiges zur Anglisierung beigetragen; dasselbe gilt für die Sportartikelwerbung:

> Das *Qualiteam Germany* fährt mit *Top-Racing* Laufkanten und aufgebogenen *Downhill*-Enden zu Tal. Der *Racing Cut Special* ist für *Freestyle* und *Hotdogging* geeignet. Wir haben den *Compactski*, den *Softski*, den *Midski* und den *Allroundski* und viele von denen *waxfree*.

Der Markt verlangt Fremdsprachiges. Die Firma Peek & Cloppenburg, ausgerechnet, fragt ihre Kunden *Need a change?* Bahlsen will ein *softes* Eiergebäck unter die Leute bringen. Für die traditionsreiche Porzellanfirma Hutschenreuther war Englisch die letzte Zuflucht. Sie benannte sich in *Tabletop* um, damit sie wieder Gewinn macht.

Marktführer bei der Verbreitung englischer Begriffe dürfte mit *city calls, application sharing, electronic cash, fax on demand* und *international roaming* die Deutsche Telekom sein. Deren Sprachgebaren wird vom „Verein zur Wahrung der deutschen Sprache" als Schimpansendeutsch verurteilt, doch können die Telekom-Leute die Unschuldsvermutung für sich in Anspruch nehmen, da sie englische Vokabeln nicht mehr als solche erkennen. In einer Kundenbroschüre heißt es: „Zudem empfängt Sie *T-Online* auch im Internet auf gut deutsch. Sie *browsen* mit der deutschsprachigen *Netscape*-Version, dem Steuerprogramm für *Netsurfer*."

Kultursponsoring ist, wie der Name sagt, ohne Englisch nicht möglich. In München bedankten sich die Veranstalter für das Zustandekommen einer Lesung mit Martin Walser – in dieser Reihenfolge – beim *Drinky*-Getränkevertrieb, bei Magnifizenz Professor Dr. Andreas Heldrich und beim Suhrkamp Verlag.

Eine sprachgeschichtliche Tatsache blieb uns nicht verborgen. In einem bestimmten Sinn nehmen sich die Deutschen, was sie vor langer Zeit einmal hergegeben haben. England hieß auf altenglisch *Englaland*, und der Titel des ältesten Englischlehrbuchs klang noch recht deutsch: *The Englishe Scholemaister* von anno 1580. *Brandy, cookie, cruise* und *frolic* waren germanische Lehnwörter aus dem Niederdeutschen. Kanzellieren war das spätmittelhochdeutsche Wort für ungültig machen. Eine Stewardess, die ein *Ticket cancelt*, holt sich nur das Sprachgut ihrer Vorfahren wieder. Englisch ist, *after all*, nur ein deutscher Dialekt gewesen und auf dem besten Weg, wieder einer zu werden.

6. Österreich

Da hatte sich Georg Lanz von Liebenfels so große Mühe gegeben, seine Landsleute aufs teutonische Erbe festzulegen und sie „aus Albenschründen ins Asengeleucht" zu führen. Umsonst. Nach dem Großen Krieg breitete sich die englische Sprache geschwinder aus als Fadenbakterien im Attersee. Kommerzianten boten Flausch als *Vlaush* an, damit's englisch klang. Das Schaufenster der Salzburger Zinnstube zierte das Schild *We Ship Free*. Trainer riefen *'s pressing ned vergess'n* aufs Spielfeld hinaus. Im Kleinen Walsertal gaben sich die Leute weltoffen und schrieben *Gag's* und *donnertag's*. Wer in der Steiermark Bekannte hatte, beschwor seine *Kernöl Connection*. Österreichische Dichter schmückten ihre

Erzählungen mit Titeln wie *How much, schatzi* oder erhoben das *code-mixing* zum poetischen Prinzip:

ich was not yet
in brasilien
yes nach brasilien
wulld ich laik du go.

Gut, es hat auch eine Bewegung in gegenläufiger Richtung gegeben. Das Wort *cithern* ist aus Tirol ins Englische gelangt. Aber die Beispiele werden einem schnell knapp. Dagegen ist schon zum Fin-de-siècle in Wien ein Richard-Wagner-*Evening* veranstaltet worden. Mozart *himself* hatte sich in einem vierstimmigen Kanon des fremden Idioms bemächtigt:

good night, good night
heut'müaß'ma no weit ...

Die Wirtsleute des Gasthofs in Liebenau, unserer ersten Jausenstation, schleuderten einigen motorradfahrenden Gästen ein herzliches *Griass enk Biker!* entgegen und forderten sie auf, den Motor abzustellen und zu *relaxen* bei einer Riesenportion Käsespatzen. Wir hatten die sechs Harleys schon in Oberndorf vor der Stille-Nacht-Kapelle gesichtet. Hastig tranken wir unseren „Großen Braunen" aus und fuhren weiter nach Bad Kleinkirchheim in den Kärntner Nockbergen. Das Fremdenverkehrsamt hatte uns mit seinem Slogan *Summer in the Nockis* angelockt. Mit dem *All-Inclusive*-Angebot konnte man zufrieden sein. Ein gepflegtes Haus, blitzsauber die Flure. Er litte es nicht, eröffnete uns der Wirt, das Treppenhaus mit den *boots of ascension* zu betreten.

Am andern Morgen steuerten wir Wien an. Das Fräulein von der Mietwagenfirma hatte uns zu einer Auto*Fair*sicherung geraten, bei der das „Pickerl" bereits inbegriffen war.

„Pickerl?" fragten wir unschuldig.

„Die Vignette für die Autobahn."

Ein wenig wunderten wir uns schon, daß dieser Aufkleber nicht *sticker* hieß.

Im niederösterreichischen Gmünd machten wir nochmals Rast, genehmigten uns im Goldnen Stern einen *Jhonny Walker* und verdienten uns den Respekt des Wirtes. Denn seit dem Absenken der Promillegrenze tranken die Einheimischen nichts mehr, sondern spannen sich zu Hause ein, wenn sie feiern wollten. „Dös *cocooning* bringt mi no um“, klagte unser Gastgeber und klappte mutlos die Getränkekarte zu.

In Wien begaben wir uns stracks zur Expo-Lingua, der großen internationalen Sprachmesse. Es gibt keinen besseren Ort, sich mit den Feinheiten von *Foreigner's English* vertraut zu machen.

> *The Expo-Lingua is a language fair,*
> *a completely new type of fair. Here*
> *it will not be hardware or software*
> *to be presented in the limelight, but*
> *rather the ‚brainware'. The offer is*
> *concerned with languages – all possibilities*
> *to learn, all kinds of learning devices*
> *and language-services plus pertaining*
> *technology ...*

An über 500 Ständen konnten wir uns vergewissern, daß wirklich alle *possibilities* ausgeschöpft wurden. Müde, aber glücklich ließen wir uns zu einem Fernsehabend im Hotelzimmer nieder und waren nicht mehr groß erstaunt, als ein Fernsehkommissar die Frage stellte *„Ja, is denn dös die Possibility?“* und in den Sportnachrichten ein welterfahrener Bundestrainer in einer Anglo-Grinzing genannten Sprachvariante kundtat: „Das war eine gute Partie, der Wind war kolossal, gut waren die *Kounterattack* von meine *Spielers.*“ Mit der Volksmusiksendung *It's Stadl Time* klang der Abend aus.

Wien wird das ganze Jahr über von Fremden besucht. Ausländische Vokabeln sind der Stammbevölkerung in Fleisch und Blut übergegangen. Der prominenteste Psychiater hat in einer Talkshow einmal vom *Ausflippen* gesprochen, weil er es „Wienerisch“ sagen wollte. Oder sind die Wiener, wie sie selbst zugeben, „a bißl größenwahnsinnig?“ Oder bestätigte sich einfach das sensationelle Ergebnis, mit dem eine Anglistin vor einigen Jahren aufgewartet hat: Ihr war der Nachweis gelungen, daß Englischkenntnisse mit der Verwendung von Anglizismen positiv korrelieren.

Auf der Westautobahn fuhren wir hinter einem Wagen her, auf dessen Stoßstange der Satz geschrieben stand: *Sex – the most fun you can have without laughing.* Die Amerikanisierungswut hat sogar die Toponomastik erreicht. Zwischen Braunau und dem

Überfremdeter Wegweiser im Salzburger Land

Obersalzberg liegt *Fucking*. Wir umfuhren diesen Ort großräumig, und doch wurde uns bewußt, daß Österreich das erste europäische Land ist, in dem das Englische nicht nur die Landes-, sondern auch die Schamgrenze überschritten hat.

Reste von kultureller Selbstbehauptung finden sich in einigen Übersetzungsregeln. Skilehrern wird – vermutlich aus folkloristischen Gründen – beigebracht, daß *Blue Skies* ein Skifahrerlied ist, und daß *it doesn't matter* so viel bedeutet wie „in tausend Meter". Ein weiteres identitätsstiftendes Merkmal ist die Aussprache. Ein VIP ist eine *weri impoartant beason*. Ein Hühnchen wird nicht gegrillt, sondern *grüüt*. Ein Designer ist a *disehner*, und so fort.

Kaum hatten wir am Flughafen Schwechat in einer Maschine der Lauda-air Platz genommen, wurde uns nach einem neuen *Service*-Konzept ein von einem Adventsbändel zusammengehaltenes Leinentischtuch samt Eßbesteck ausgehändigt. In Erwartung der *small, select specialties* lasen wir den Begleittext. Die von der Lauda-air hatten was gegen Plastikfolien und Cellophan. Deshalb: Leinen und Blech. *Environementely friendly*. Orthographisch falsch. Ökologisch richtig. Nur die Flugbegleiterinnen hatten Mühe, rechtzeitig vor der Landung Berge von Tischtüchern und Stoffservietten abzuräumen.

7. Schweiz

Als in Zürich bereits in der ersten Schulklasse der Englischunterricht eingeführt werden sollte, hagelte es Proteste. Die „Freisinnigen Frauen“ witterten in dem Vorhaben eine Gefahr für die Willensnation Schweiz. Eine Bundesrätin meinte, sie könne es nachvollziehen, wenn man in einem afrikanischen Land mit 60 verschiedenen Sprachen Gebrauchsenglisch zur Verständigung einsetze. Aber in der Schweiz? Mit ihren ganzen vier Sprachen? Die Neue Zürcher Zeitung stieß ins selbe Horn: Früher Englischunterricht stelle die Verbindung von lateinischer und germanischer Kultur und damit die Existenzberechtigung der Schweiz in Frage. Da könnten sich die Eidgenossen gleich irgendwo im Internet ansiedeln.

Es ist wahr: Die Schweizer setzen der schleichenden Anglisierung mehr Widerstand entgegen als die benachbarten Österreicher. Die Baseballmütze heißt nach wie vor Dächlikappe. Zwar: In der Gastronomie müssen der ausländischen Gäste wegen Kompromisse geschlossen werden, weshalb man auf der Getränkekarte schon mal den Hinweis findet *Our wines leave you nothing to hope for*. Doch die Einheimischen, zumindest diesseits des Röstigrabens*, bestellen kein Huhn und keine Poulet und kein Chicken, sondern ein halbes Güggeli.

Trotzdem dringt Englisch bis ins Berner Oberland vor. Dem Hollywoodfilm ist es zuzuschreiben, daß die Soldaten der Fahrradtruppe im Schweizer Militär von der Massenpresse als *Velo-Rambos* gefeiert werden. Die Frauen im neuerrichteten Bordell in Zürich-Wollishofen heißen offiziell *Sexworkerinnen.* Der Betreiber dieses Etablissements betonte, daß seine Betten aus massivem Buchenholz seien. Wenn nicht die sprachliche, so wird wenigstens die handwerkliche Tradition hochgehalten.

Eine Aufweichung des Geistes von Calvin und Zwingli mußten wir in einem Zürcher Hotel erleben. Dort ist folgende Hausregel aufgestellt worden:

Because of the impropriety of
entertaining guests of the opposite

* Grenze zwischen deutscher und französischer Schweiz

sex in the bedroom, it es suggested that
the lobby be used for this purpose.

Kurz vor unserer Abreise meldeten sich die Erziehungsdirektoren aller 26 Kantone zum Thema Englisch auf Grundschulebene zu Wort und empfahlen, zwei Fliegen mit einer Klappe zu schlagen und das Einmaleins gleich auf Englisch zu unterrichten.

8. Holland

Im 19. Jahrhundert kamen *rosbief* und *koftiehuis*, später dann das *nek-aan-nek race*, die *muziekshow* und eine ganze Reihe von Zeitwörtern wie *brainstormen* oder *carpoolen*. Eine der meistgebrauchten Lehnübersetzungen ist *diepvries* von „deep freeze". Die Holländer gehen ziemlich weit. Sogar ihr Wort für Lehnübersetzung ist eine „loan translation", nämlich *leenvertaling*.

96 Prozent aller holländischen Oberschüler lernen Englisch, aber manchen wird's zuviel. Ein Werbeplakat für *Blue Jeans* wurde mit der Botschaft „laßt Englisch in England" übermalt. Daß die englische Sprache zurückgedrängt werden müßte, glauben viele brave Bürger. Aber wie sollte man das *Hash Info Museum* im Amsterdamer Rotlichtbezirk anders nennen? Außerdem kamen *shit* und andere Kraftausdrücke von der Insel herüber. Dem Vorschlag des „Anti-Fluch-Bundes", ersatzweise Ausrufe wie „Rhododendron" oder „ein Sack Kartoffeln" zu verwenden, werden nur geringe Chancen eingeräumt.

9. Skandinavien

Etwas beunruhigt studierten wir den Hinweis im Kopenhagener Büro unserer Fluggesellschaft: *We take your bags and send them in all directions.* Niemand bedient sich des Englischen so gern wie die Dänen, Briten eingeschlossen. Eine dänische Studentin machte uns eine einfache Rechnung auf: *Nearly everyone in Denmark speaks English. If we didn't there wouldn't be anyone to talk to.* Die historischen Zusammenhänge waren leicht herzustellen. Dänische Könige waren es gewesen, die im 11. Jahrhundert auf dem englischen Thron saßen. Ähnlich den Deutschen und den Franzosen haben die Dänen nur heimgeholt, was sie einst verliehen hatten. Das re-importierte „poppycock“ zum Beispiel stammt von *pappekak,* was so viel heißt wie weicher Kot.

Das alte Sprichwort *nice Finnish guys last* sollte sich bewahrheiten. Selten sind wir auf so viel Entgegenkommen und Toleranz gestoßen wie in Helsinki. Die Finnen lassen einem die Wahl zwischen *baby* und *beibi,* zwischen *country* und *kantri.* Auch bei der Satzstellung gibt man sich flexibel. Auf einer aufwendig gestalteten Wanderkarte vor einem der 200 000 Seen war als Standort *Here you are* angegeben.

Als blanke Enttäuschung erwies sich Norwegen, weil wir davon ausgegangen waren, daß der Sexismus in diesem skandinavischen Land mit Stumpf und Stiel ausgerottet worden wäre. Statt dessen mußten wir in einer Cocktail Lounge lesen: *Ladies are requested not to have children in the bar.*

10. Italien

Bei der Kontrolle am Mailänder Flughafen erhielten wir unsere erste Lektion in *Basic English.* Der Sicherheitsbeamte wollte nur eines wissen: *Do you have a knife?* In Venedig angekommen, kauften wir uns am Kiosk eine Zeitung und eine Tube Zahnpasta. *Lo vuole kingsize?* fragte die Verkäuferin. Die Schlagzeile im „Gazetto dello Sport“ lautete *SampGenoa Beautiful.* Der Artikel handelte von einem siegreichen Genueser Fußballverein. *Un mister* wurde nach seiner Meinung zum Spiel befragt, das war der Trainer.

Im 19. Jahrhundert hatte der italienische Staat eine Steuer auf ausländische Zeichen und Schilder erhoben. Unter Mussolini setzte es sechs Monate Haft für die Verwendung fremder Sprachen in der Werbung und auf Briefköpfen. „Bibitario“ statt *bar* wollten die Faschisten hören, und „agone“ statt *sport.*

Englisch habe sich erst nach der Befreiung eingenistet, behauptete unser Gastgeber. Der Krieg an sich war schlecht, sagte er, ma ha dato molti *spinoff.* Auf unsere Nachfrage meinte er damit positive Nebenprodukte wie zum Beispiel Radar, Kernwaffen und eben englische Vokabeln. Angehörige der US-Navy, die hier ankert, sorgen dafür, daß der Sprachkontakt nicht abreißt. Während des weltberühmten Karnevals in Venedig zetteln amerikanische Marinesoldaten Schlägereien an und bringen sich mit Sätzen wie *I blow your fucking brains out* in Stimmung.

Auf der Guidecca hatte jemand *Mafia News* quer über den Schaukasten der christdemokratischen Parteizeitung „Il Popolo" geschrieben. Daneben hing ein Plakat für ein Popkonzert: *I big del rock* gaben sich die Ehre, eine Gedächtnisveranstaltung für alle Musiker, die an Aids oder *un'overdose* gestorben waren.

Anders als die puristischen Franzosen widmeten die Italiener dem Pidgin sogar ein eigenes Wörterbuch. Parliamo Itangliano verzeichnet *le parole basic* für das berufliche Fortkommen samt Ausspracheregeln. Das Englische hat seine Berechtigung, denn manche Wörter wären für eine Übersetzung zu umständlich. Statt *picknick* müßte man „merenda all'aria aperta" sagen, und ein *derby* wäre zu umschreiben mit „sfida tra due squadre della stessa città".

In der Hauptsache dient das Angloamerikanische dem Karrieristen, dem *status seeker* (stètus siiker), dem *decision maker* (disigion mécher), denjenigen Leuten also, die sich um den *cash flow* (cheshflò) kümmern und ein *balance sheet* (bèlenz sciit) erstellen können. „La sola cosa che conta è la *bottom line*", erfuhren wir während eines *briefings*, ein Wort, das, nebenbei gesagt, vom italienischen breve kommt.

Wer Karriere machen will, muß *up to date* (aptudèit) sein. Das gilt auch für die „donna carrierista" oder *career woman* (carèar uòman). Wer nichts von *public relations* versteht, von pi ar oder pi erre, der muß bleiben, wo er ist, Gemüse verkaufen auf der Piazza S. Margherita oder Taubenfutter auf S. Marco, meinte unser Gewährsmann. Aus seinen Worten war eine gewisse Härte herauszuhören.

Weil ein italienisches Wort nicht auf einen Mitlaut enden darf, gibt es hier *rosbiffe* und *airbägge*. Und weil Italiener die Dinge gerne verkleinern, wird aus dem ohnehin nicht großen „slip" der *slippino*.

Die Globalisierung hat bewirkt, daß englische Brocken in Bereiche eingedrungen sind, die vorher strikt der Muttersprache vorbehalten waren. Kochrezepte zum Beispiel werden in jüngster Zeit auch auf Englisch abgefaßt.

1. *Bring in Cannelloni, as they are, a stuffing maked with: beef, eggs, cheese parmigiano, papper or spices, as you like, as well amalgamated und juicy.*
2. *Besmear a backing-pan, previously buttered, with a good tomato-sauce und after, dispose the Canneloni, lightly distanced between them, in a only couch.*
3. *Add puffs of butter and grated cheese, cover the backing-pan, and put her into the oven, previously warmed at 180/200 centigrade degrees above zero.*
4. *Cook for about an half hour at the same temperature without to uncover the backing-pan and after, to help at tabel.*
5. *Important: Cannelloni do not ought to boil.*

Itangliano hat in des Wortes wahrster Bedeutung die *grassroots* (gressrùz) erreicht. Auf einem Campingplatz bei Lungomare Sud versuchten wir uns nach folgendem Verbotsschild zu richten:

Then is Strictly Forbidden to:
a) Reserve box parking, spaces with chairs, fences, rape or other means
b) Dainage of the plants and equiman
c) Not teak paper other box
d) Dig simples around tents
e) Play with ball of tamboury in the camp
f) Set to go into the camp, nor autorized from the direction

Die zahlreichen Verbote konnten einen an deutsche Verhältnisse denken lassen. Andererseits wußten wir, daß Italiener das Englische als *la lingua di oh yes* begreifen. Auf keinen trifft das so zu, wie auf den Italo-Amerikaner. Mit dem *stambotto* (steamboat) ist er nach Nueva York gekommen. Die ersten Jahre hat er in *Broccolino* (Brooklyn) gelebt, das war schon *orraite* (all right). Dann konnte er sich eine Wohnung an der *Terz'Avvenuta* Ecke *Strada Fotin* (3rd Ave/14th St) leisten und durfte sich als richtiger *sanemagogne* (son-of-a-gun) fühlen. *Mi laico mi contri*, versicherte er jedem, der zuhörte. Auf die Frage, wann er nach Hause zurückkehren werde, wich er mit einem *airono* (I don't know) aus. Nur in *flatbussce* wollte er nicht enden, in Flatbush, wo der italo-amerikanische Friedhof liegt.

Ist im Heimatland Italien der Gebrauch des Englischen bislang nur *la punta di un iceberg?* Wird das *brain-washing* (breinuòscin) durch die Medien weitergehen? Schon hat der Verfasser des obengenannten Lexikons einen Rückzieher gemacht. Plötzlich will er nichts mehr davon wissen, daß die italienischen Manager collaborano con il loro *staff*, recepiscono ogni *input* per incrementare le proprie *skills* e acquirire nuovi *know-how*. Der römische Arzt jedenfalls wird Probleme kriegen, wenn er seine Spezialgebiete weiterhin als *women and other diseases* angibt. Zumindest bei ausländischen Patientinnen könnte er sich damit una grossa *credibility gap* einhandeln.

11. Spanien

Go away – das Plakat in einem Reisebüro zu Barcelona wirkte auf uns konträrsuggestiv. Wenige Stunden später fanden wir uns auf den Kanarischen Inseln wieder. Hier, in den Häfen von Santa Cruz und Las Palmas, ist einmal eine spanisch-englische Mischsprache verwendet worden. Dieses *Pichingli* genannte Idiom ist praktisch ausgestorben. Viel gabs nicht zu notieren. Auf Gran Canaria verzehren die Pauschalreisenden ihre *hot dogs* als perros calientes und in Corralejos auf Fuerteventura geben sie ihre Abendklamotten zum *Dry gleaning.*

Ein Abstecher nach Mallorca, der Lieblingsinsel der Engländer. An jeder zweiten Ecke hört man ein *jolly good*, und auf den Hotelterrassen spielen sie Whist. Im *sitting room* des Hotels Molins in Cala San Vicente sagte eine ältere Dame in den Raum hinein: *The neck can be a very nasty joint.* Niemand widersprach, denn keiner hatte zugehört. Drunten am Strand äfften übermütige junge Deutsche englische Urlauber nach und begrüßten sich gegenseitig mit *very nice day* oder *oh, what a coincidence to meet you heah.*

Die Speisekarten sind ganz auf englische Badegäste zugeschnitten. In einem Restaurant namens *Mobby Dyk* wurde ein *Goldfish gegrillt* serviert. Noch charakteristischer sind die Spezialitäten an der Costa Dorada: *Crumbled Eggs with Tomato, Thigh Lambskin* und *Natural Fish Knife (piece).*

Schon vor Jahren war nach einigen *near-misses* vorgeschlagen worden, den Funksprechverkehr bei Interkontinentalflügen nicht mehr auf Englisch, sondern auf Esperanto abzuwickeln. Dies war von den Flugkapitänen mit deftigen, meist englisch vorgetragenen Kraftausdrücken beantwortet worden. Nur die spanischen Piloten beharrten darauf, zu ihrer Muttersprache zurückzukehren. Englisch war einfach zu gefährlich geworden. In letzter Zeit hatten sich die Abstürze wegen sprachlicher Mißverständnisse gehäuft. Die Zeitschrift „English today" führt genau Buch über Flugzeugkatastrophen mit linguistischen Ursachen inklusive der Zahl der Toten. Bis zu einer Klärung bleiben die Kotztüten einer iberischen Fluglinie an Bord, zumal der Aufdruck der Relevanz nicht entbehrt: *Bags to be used in case of sickness or to gather remains.*

12. Griechenland

In Athen legten wir einen Zwischenstopp ein. Unser Aufenthalt währte nur eine Nacht, und doch wurden wir in die Lage versetzt, ein gängiges Vorurteil gegen Südeuropäer auszuräumen, nämlich deren angebliche Unpünktlichkeit und den Hang zum Chaos. An der Pförtnerloge unseres Hotels lasen wir: *Visitors are expected to complain at the office between the hours of 9 and 11 a.m. daily.*

Ein Gast, der seinen Urlaub auf Rhodos verbracht hatte, konnte unseren Eindruck nur bestätigen. Er hatte dort einen Schneider aufgesucht, um sich einen leichten Sommeranzug anfertigen zu lassen, von seinem Vorhaben aber wieder Abstand genommen, weil ihm der Meister klipp und klar eröffnet hatte: *Because is big rush we will execute customers in strict rotation.*

13. Türkei

Die Türken haben sich anfänglich nur aus dem Sportlexikon bedient: *hentbol* für Handball oder *forvet* („forward") für Stürmer. Dann kamen die modernen Kleidungsstücke: *blucin* und *tisört.* An den Badeorten hat sich eine Sprachform herausgebildet, die man als touristisches Desperanto bezeichnen könnte: *Dear guests, please return your maitresses,* womit die Badematten gemeint waren. Ein Luxushotel bat seine Gäste *to sing the bill of your spendings at our Units, according to which your account will be settled.* Jeder Reisende wußte, was gemeint war.

14. Israel

Bis 1948 war Englisch hier als die Sprache kolonialer Unterdrükkung verschrien. Heute streiken die israelischen Schüler, wenn man ihnen den Englischunterricht streicht. Historisch bedingt hört man britisch getöntes Englisch. Man besitzt noch einen *caravan*, keinen „trailer"; man ißt *tships,* keine „french fries". Daß das amerikanische Englisch mächtig aufholt, wurde uns bewußt, als wir im Herzen von Tel Aviv an der Ecke Dizengoff und Frishman Street Kaffee tranken. Müßig ließen wir die Augen über die Ladenzeile auf der anderen Straßenseite wandern: *Marlboro – Levi's – Sexy Ben – Chin Chin Take Away – Coin Laundry.* Damit nicht genug. Im orthodoxen Viertel Bnei Brak begegneten uns zwei Teenager, die *Tájm to say good báj* vor sich hinträllerten.

In Jerusalem setzten wir unsere Studien fort. Im arabischen Quartier der Altstadt hatte sich ein Graffiteur an einer Mauer verewigt: *I Born to Play.* Unwiderstehlich fanden wir eine Keramikfliese, die in den Andenkenläden am Turm Davids angeboten wurde. Sie trug die Inschrift *Shalom y'all* und war unverkennbar für Pilger aus den ehemaligen Sezessionsstaaten gedacht.

Die Amerikanisierung reicht bis in den Briefstil hinein. Wenn Premier Menachem Begin an Präsident Ronald Reagan schrieb, redete er ihn mit *Dear Ron* an. Wahrschienlich teilte er ihm mit, was wir hier sehr schön auf einem T-Shirt zu lesen bekamen:

America Don't Worry
Israel Is Behind You

Mittags nahmen wir nur einen *Mosesburger* zu uns. Wir hätten auch einen *MacDavid* nehmen können, der hierzulande den „Bigmac" ersetzt. Der Variantenreichtum der Hamburgerkultur ist unerschöpflich. Angeblich soll es auf der Olaya Street in Saudi-Arabiens Hauptstadt einen recht gut gewürzten *Camelburger* geben. In Israel bestellen die jiddischsprechenden Menschen einfach *a Bärrga*.

Spät erreichten wir Jaffa und ließen uns zum Abendmahl nahe der Großen Moschee in einem koscheren Grillrestaurant nieder, das an der Außenfront *All Kinds of Meat and Fishs* versprach. Die arabische Kolumne konnten wir nicht lesen, aber im hebräischen Teil der Speisekarte lockte ein *kokteil*, den wir schneller als gewohnt hinunterstürzten. *Of begril*, so wurde uns mitgeteilt, war ein gegrilltes Huhn. Wir wählten dann aber doch lieber den *miwchar dagim begril*, den Fischteller vom Grill, und gossen ein paar *bira badweiser* hinterher.

Das israelische Fernsehen zeigt amerikanische Sitcoms mit hebräischen Untertiteln. Worte wie *bébisitter* oder *biznes* haben als Lehnübersetzungen ins Hebräische Eingang gefunden. Dasselbe gilt für *poljo* und *poknogkafja.* Ob Begriffe wie *aktivi, optimi, fantasti* oder *sentimentali* alle über die USA nach Israel gefunden haben, wollen wir an dieser Stelle offen lassen. So viel aber läßt sich feststellen: Die für solche Fragen zuständige Akademie der Hebräischen Sprache kämpft einen schweren Kampf. Einer ganzen Reihe ihrer Säuberungsaktionen war ein Mißerfolg beschieden. „Sáx-raxók" konnte sich nicht gegen *télefon* durchsetzen, und „maxsév" nicht gegen *computer*. Dazu kommt, daß amerikanische Vokabeln in verdeckter Form ins Hebräische eingesickert sind. Aus „fuck-off" ist *fakofáli* geworden und bezeichnet in diesem Gewand eine ganz schreckliche Situation.

15. Polen

Die polnische Akademie der Wissenschaften setzt sich wohl für den Schutz der Landessprache ein, aber nicht so berserkerhaft wie die französichen Behörden. Denn für das postkommunistische Polen haben Begriffe wie *Shop, Market* oder *Autoserwis* den Klang von Freiheit.

Unser Hotel, das Pod Róża, lag nur wenige Schritte vom Rynek Główny, dem Hauptplatz von Krakau. Auf unserem Zimmer lag eine exquisit gestaltete Karte: *You welcom to use Minibar.* Doch wir setzten uns lieber ins Café Noworolski und beobachteten durch die großen Fenster das Leben und Treiben rund um die berühmten Tuchhallen. An der Ladenfront gegenüber reihte sich *Fruit of the Loom* an *Wrangler* an *Lee Cooper.* Man hätte sich genauso gut in Israel befinden können. Wir bekamen Lust auf einen Schaufensterbummel. In einem Buchladen sahen wir einige *Amerikański Bestseller* aus dem Land der *Kowbojski.* Ein Spielwarengeschäft führte *relaks toys.* Ein Gemischtwarenhändler hatte sich auf *always pampers* festgelegt. Ein Computerladen war mit *hardwarowy* und *softwarowy* eingedeckt.

Später brüteten wir über der Frage, ob wir im *Hamburger Fryti Grill* oder in den *Dunkin' Donuts* in der Nähe des Hauptbahnhofs speisen sollten. Noch ehe wir uns entschieden hatten, entdeckten wir gleich beim Hotel den Jazzclub U Muniaku, der bereits geöffnet hatte: *Everyday open 15 to Night.* Dort nahmen wir ein *Gordon Blue* mit einer *Selection of Salads* zu uns. In einer der zahlreichen *Drink Bars* ließen wir den Tag ausklingen.

Am andern Morgen, auf der Straße nach Kattowitz, wurden die *Drink Bars* von *Driver Bars* abgelöst. Draußen flogen Graffiti vorbei. *I love Kelly Family* stand an einer Kattowitzer Schulhofmauer, und bei der Schlesischen Universität in Sosnowiec hatte sich jemand mit *Miodzik is cool men* verewigt. Im Restaurant Olimpijska bestellten wir uns einen *Shirmps Cocktail* und einen *Fish Parisian Art.* Zum Nachtisch eine *greypfrutowy.* Falls hier der Eindruck entsteht, wir seien hauptsächlich der Gastronomie wegen ins Land gekommen, so ist das nicht ganz von der Hand zu weisen.

Das Flughafenrestaurant am Krakauer Airport hat der k.u.k. Cafétier Hawelka gepachtet. Die Zeit drängte, und so entgingen

Spontane Literatur beim Germanistischen Institut von Sosnowiec

uns *scrambled eff on butter* oder *Fruit Salad Tutti-Trutti*. Außerdem waren wir schon abenteuerlicheren Erzeugnissen der polnischen Küche begegnet: *Beef rasher beaten up in the country peoples fashion* oder *Roasted duck let loose*. Das letztgenannte Gericht – es waren freilaufende Enten gemeint – hatte den Tierschutz auf den Plan gerufen, doch dann stellte sich heraus, daß der europäische Übersetzerdienst für den Text der Speisekarte verantwortlich war.

16. Ungarn

Ungarns kommunistische Machthaber hatten das Eindringen von Modewörtern wie *know-how, trend* und *marketing* mit scheelen Blicken betrachtet. In *teammunka* (Teamarbeit), *energiaszektor* (Energiesektor) und anderen hybriden Bildungen hörten sie kapitalistischen Hochmut mitschwingen. Das änderte sich nach der Wende: Ehemalige Russischlehrer wurden auf Englisch umgeschult. *Bugi-vugi* und *dzsessz* waren ab sofort gesellschaftsfähig, und wer einmal einen Hollywoodfilm gesehen hatte, wußte auch, was *gengszterizmus* ist. Unbekümmert mixten sich junge Leute einen anglo-ungarischen Sprachcocktail zusammen: *A corneron vártam a görtl* hieß wahrscheinlich „I waited for the girl at the corner“.

Die vormals großen ungarischen Fußballer hatten schon längst *ofszájd* (offside – abseits) und andere englische Fachbegriffe übernommen. Jetzt tauchten auch Begriffe aus der elektronischen Kommunikation auf, der *diszpéczer*, die *hardver* und die *softver*. Dazu kamen Lehnübersetzungen wie *forró nadrag* für „hot pants“. Eine ungelöste Frage bleibt das Wort *keksz*, weil man bis heute nicht herausgefunden hat, ob es auf dem Umweg über den deutschen Keks ins Ungarische gelangt ist oder direkt von den englischen „cakes“.

Mit Ungarn ins Gespräch zu kommen, ist eine Leichtigkeit. Am häufigsten sind wir gefragt worden, seit wann wir uns schon im Lande aufhielten. *How long you are in Budapest?* Viele teilten uns von sich aus mit, wie lange sie sich schon mit der fremden Sprache befaßten: *I learn English for two years*. Der Gebrauch der englichen Sprache hat etwas Alltägliches angenommen. Im Buda pester Zoo bemerkten wir Hinweisschilder zur Fütterung:

Please do not feed the animals.
If you have any suitable food,
give it to the guard on duty.

Bei internationalen Begegnungen wird wie selbstverständlich Englisch gesprochen. Sprachgewandt kürzte ein Botschafter vor britischen Gästen seine Rede ab, weil man anderntags mit den Hühnern aufzustehen habe: *It's early to bed and up with the cocks*. Warum das Gelächter über diesen Satz so haltlos ausfiel, weiß der gute Mann bis heute nicht.

17. Bulgarien

Das Bulgarien des 19. Jahrhunderts entlehnte aus dem Englischen *midshipman, gutta-percha* und einige andere Raritäten. Bis zum Ende der Türkenherrschaft zählte man nicht mehr als 64 englische Wörter im Bulgarischen, darunter natürlich *rum* und *punch*. Hundert Jahre später waren es schon 1200, und dies obwohl die kommunistische Partei *xom doz* (hot dog) und andere dekadente Bezeichnungen verboten hatte.

Inzwischen herrscht ein entspanntes Verhältnis zum Angloamerikanischen. *Match* und *Folklore* werden überhaupt nicht mehr als Fremdwörter aufgefaßt. Der Bulgare von heute trinkt seinen Whisky, er hört Jazz, geht in die Disco, tanzt Rock-'n'-Roll und findet seine Partnerin sexy. Das letztgenannte Wort hat sich in ganz Osteuropa durchgesetzt. Auch Tschechinnen wissen einen *gut sexy Mann* von anderen zu unterscheiden. Die Gastronomie hat sich dem internationalen Fremdenverkehr geöffnet. Auf bulgarischen Speisekarten führen mehrere Sprachen ein Leben friedlicher Koexistenz.

Блъди мери
/Водка, доматен сок, лимон/
Bloody merry
/Vodka, tomato juice, lemon/

Сан Марко
/доматен сос, кашкавал/
San Marco
/Tomato souse, yellow cheese/

Виенска кифличка със стафиди
Wien bunroll with raisins

Ореховки
Wolnut sweets

Мелба „България"
/4 топки плодов сладолед, плодове, сметана, сладко/
Melba „Bulgaria"
/4 balls fruits ice cream, fruits, cream

Кафе „Браун" - Лаваца
Coffee „Brawn" - Lavazza

Кафе „Айншпенер" - Лаваца
Coffee „Einshpener" - Lavazza

Йогуртшните
Yogurtshnite

18. Rußland

Aeroflot hatte seinerzeit mit dem Slogan geworben *Introducing wide boiled aircraft for your comfort*. Damals war in unserem Moskauer Hotelzimmer eine zerfledderte Broschüre herumgelegen, in der es hieß: *If this is your first visit to the USSR you're welcome.*

Russen sind mit der englischen Sprache seit langem vertraut. Früh wurde der *džentl'man* übernommen, und den *xuligan* (hooligan) kennt man seit dem Jahr 1909. Der moderne Russe sitzt vor seinem *komp'yter,* er geht in ein *mīting*, verspeist ein *bifshtek*, mischt sich abends einen *koktéil* und schaut sich vielleicht mal einen *striptiz* an.

Der russische Präsident und vor allem der Moskauer Bürgermeister betrachten den Vormarsch des Englischen nicht nur mit Wohlgefallen. Ladenschilder sollen neuerdings wieder überwiegend in russicher Sprache abgefaßt werden, und bei Importartikeln muß die Inhaltsangabe ins Russische übersetzt sein.

Exkurs: Eurospeak

Im Stimmengewirr der Europäischen Union ist Englisch am deutlichsten zu vernehmen. So bietet die Sächsische Landeszentrale für Politische Bildung einen „*Crash*-Kurs Europa" an (falls es hierzu eines eigenen Kurses bedarf). Drittsprachen werden gerne auf dem Umweg über das Englische erläutert. Oft genug hörten wir einen deutschen Schlager aus den Lautsprechern tönen, der mit den Worten begann „du weißt, hasta la vista heißt *goodbye*". Echtes *Eurospeak*, das allen Interessen gerecht wird und mehr ist als *Eurobabble*, sieht ungefähr folgendermaßen aus:

Uno des intentions più importante
du Traité di Roma is Freimovimento
of Arbeiters within il Europaeiske
Faellskabe.

Weil hier die Ausgewogenheit auf Kosten der Ästhetik geht, hat man in Brüssel vorgeschlagen, das Englische mittels einer Rechtschreibreform zu vereinfachen. Stumme Vokale und doppelte Konsonanten fallen weg, v wird duch w, c durch k und vor allem th durch z ersetzt. Die Anhänger dieses Reformvorschlags behaupten:

Zer vil be no mor trubls or
difikultis and evrivun vil find
it esi tu understand ech ozer.
Ze drem vil finali kum tru.

19. Sierra Leone

Englische Grammatik und eine zivilisierte Menschheit gehörten nach den Vorstellungen des „Colonial Office“ in London eng zusammen. Eine in Oxford angefertigte Studie über Erziehungsmaßstäbe im tropischen Afrika riet noch 1953 dazu, Suaheli an allen Schulen zu eliminieren und durch Englisch zu ersetzen. So wie der europäische Renaissancemensch das Griechische, so brauche der Afrikaner das Englische, um seine geistigen Kräfte voll zu entfalten. Die Folge war: Junge Afrikaner wußten, daß ab 1825 zwischen Stockton und Darlington eine Eisenbahn verkehrte, sie hatten aber keine Ahnung, was eine Eisenbahn ist.

Das wußte nur ein *been-to*, einer, der schon in Europa oder in Amerika gewesen war. Die Daheimgebliebenen haben die fremde Sprache nach eigenen Bedürfnissen umgestaltet. Jeder Reisende, der sich nicht künstlich aufregen möchte, sollte dies wissen. Weil *wonderful* in Westafrika nicht ein Ausdruck des Entzückens, sondern des Erstaunens ist, zeugt es keineswegs von Herzlosigkeit, wenn jemand auf die Nachricht „He died yesterday morning“ mit *„wonderful!“* reagiert.

Aus afrikanischer Sicht hatte das Englische gegenüber dem Französischen einen Vorteil: Es war emotional weniger stark aufgeladen und erleichterte deshalb die Herausbildung eines Nationalbewußtseins. Viele der rund tausend afrikanischen Sprachen mündeten in kreolisches Englisch ein. Gambia hat sein Aku, Sierra Leone sein Krio und Kamerun sein Kamtok. Umgekehrt ist aber auch das Englische afrikanisiert worden. Der Tierarzt ist dann eben kein „veterinarian“ mehr, sondern ein *dokta-kau* oder „cow doctor“. Im Kru-Englisch von Liberia mutiert der Satz „I'll flatter that woman“ zu dem anschaulicheren *A gwan swit-maut dat wuman.*

Man erkennt sie *by the tongue*: Achtzigtausend ausländische „Experten“ sorgen auf dem afrikanischen Kontinent dafür, daß der Kreislauf der Eliten nicht ins Stocken gerät. Ein Bürger von Banjul hatte uns seine und die Lage der afrikanischen Länder durchaus realistisch geschildert: *Want want no get; get get no want* – die Bedürftigen kriegen nichts, die Besitzenden brauchen nichts.

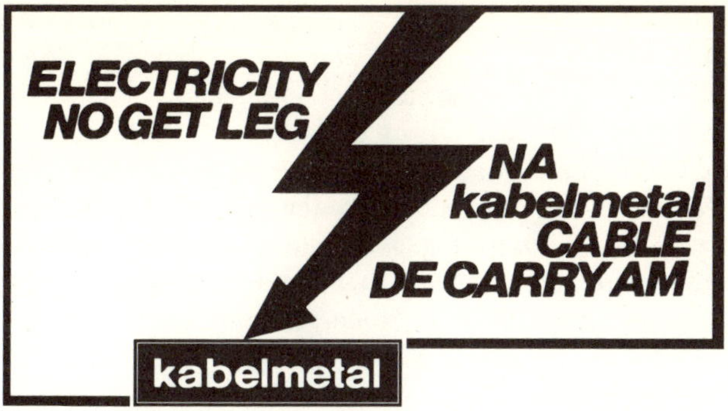

„Elektrizität hat keine Beine" – Existenzberechtigung der Firma Kabelmetal in Freetown (Sierra Leone)

Wir hatten uns vorgestellt, im *City Hotel* von Freetown abzusteigen, dem Vorbild für das Bedford in Graham Greenes Roman „The Heart of the Matter". Wir wollten die Landessprachen kennenlernen und hören, was sich geändert hat, seit der deutsche Pastor Koelle seine berühmte „Polyglotta Africana" zusammenstellte. Was die Ethnologen alter Schule als „verstümmeltes Negerenglisch" abtaten, wird heute von Linguisten als „innovative Devianz" gewürdigt.

Es kam anders. In Sierra Leone herrschte Bürgerkrieg. Täglich änderten sich die Fronten. Das *Piskoh* (Peace Corps) hatte sich bereits abgesetzt. Marodierende *Sobels* – eine Kontraktion von „soldier" und „rebel" – streiften umher. Ein Informant hatte uns gewarnt: Gewalt entstand *at di slaytes provokeshan*. Ein Aufenthalt wäre zu gefährlich geworden, und so mußten wir einen Bogen um das Land machen und es, was die Sprache anbelangte, bei unserem Buchwissen belassen.

Krio oder *brokin Inglish*, eine Schöpfung ehemaliger Sklaven, ist eine Mischung aus archaischem Englisch, Yoruba und Portugiesisch. Es gibt das Krio im Alltag, etwa beim Zahnarzt (*open mouth wide-wide*), und es gibt ein literarisches Krio, etwa auf der Bühne. Marc Antons unsterbliche Worte klängen in einem hiesigen Theater so:

En Bra Brutohs na ohnareybul O!
Dem ohda wan sef na ohnareybul.

Sierra Leone war lange Zeit abhängig vom *dayamon bisnes*, der Diamantenindustrie. Von dort nahm die Korruption ihren Anfang. Ohne *shake hand* oder Bestechungsgeld war kaum etwas zu machen. Wer sich nicht *agens di lo*, gegen das Gesetz, stellen wollte, blieb ausgeschlossen. Immer größere Teile der Bevölkerung versanken in Armut oder mußten sich mit dem Satz trösten *af bred bete pas natin* – ein halbes Brot ist besser als nichts.

Wer Geld hat, kommt wenigstens in der Hauptstadt Freetown einigermaßen durch. Die *chop houses* (Restaurants) bieten *rosbif* (Steak), *bush bif* (Wild) und *airish petete* (Kartoffeln) an. Besonders wohlschmeckend soll der *banana pankek* sein. Man trinkt *bamboo wine* und das im Lande gebraute *bia*, das ebenfalls gerühmt wird, allerdings Ursache eines Phänomens ist, das im *dikshoneri* als *bad bris* oder Magenwind ausgewiesen ist. Ausländer müssen vorsichtig sein, wollen sie sich nicht einen *bele run* oder Durchfall zuziehen.

In vergangenen Tagen war Sierra Leone von dermaßen viktorianischen Vorstellungen geprägt, daß ein Bulle als *gentleman cow* angesprochen werden mußte. Diese Zeiten sind anscheinend vorbei. Eine *chik-bebi*, eine attraktive Frau, wird von Männern offen mit der Frage konfrontiert *When can we meet to do some loving? Co-wives* oder Nebenfrauen wären bei einer Erforschung des *bedrum bisnes* mit in Betracht zu ziehen. *To virginate* heißt entjungfern, *to take in* bedeutet schwanger werden. Eine Frau, deren *bottom no gud* ist, kann wegen Menses oder Geschlechtskrankheit nicht verkehren. Ein gehörnter Ehemann erhält als Entschädigung *woman damage*.

Gelinde Verachtung trifft den *local man*, der keine Umgangsformen hat, sich nicht so kleidet, wie der *dizayna* es verlangt, und sich nicht auszudrücken weiß. Vorbehalte bestehen andererseits auch gegen hochtrabende Ausdrücke, das *big English*. Aber das ist, wie gesagt, alles Buchwissen, und der *bukman* oder Gelehrte steht auf der sozialen Leiter ziemlich weit unten. *Buk konfyus* heißt eine Redensart, Bücher verwirren den Geist. Aber diese Vorstellung hat nichts Afrikaspezifisches an sich.

20. Ghana

Der Fremdenverkehrsbroschüre *It's Great in Ghana* war zu entnehmen, daß sich die ehemalige Goldküste auf internationalen Tourismus eingestellt hat. In der Tat wird der Urlauber mit einem freundlichen *How be?* begrüßt, was dem gewohnten „How are you?“ entsprechen dürfte. Eine der wichtigsten Vokabeln ist *dash*, deren Bedeutung vom Geschenk über das Trinkgeld bis zum Bestechungsgeld reicht und die auch als Zeitwort Verwendung findet. *How much you dash me?* fragte uns der Kofferträger.

Der Verdienst der meisten Ghanaer kann mit der Inflation nicht Schritt halten. Während wir mit dicken Geldbündeln herumliefen, konnten die Einheimischen von einem *fridgeful*, einem wohlgefüllten Kühlschrank, nur träumen. Selbst der *been-to*, wie sich auch hier der weitgereiste Ghanaer nennen darf, tat sich schwer, aus seinem Prestige Kapital zu schlagen.

In Accra bezogen wir das *Nkrumah Memorial* Hotel. Der Zimmerpreis war moderat, doch wies uns der Portier fairerweise darauf hin, daß das Wasser aus den Hähnen nur tröpfelte: *The water de-come small-small*. Die Mittagshitze überstanden wir zeitunglesend auf dem Bett liegend. Amüsant fanden wir im „People's Daily Graphic“ die Kolumne *Tit Bits* mit bizarren Meldungen aus aller Welt. Im Veranstaltungsteil fielen uns die zahlreichen *Concert Parties* auf. Irgendwo trat ein *Stand-up comedian* namens *Waterproof* auf. Die Jugend von Accra frequentiert den *La Pleasure Beach*. Viele Singles nehmen dort erste Kontakte auf. Abends trifft man sich dann in einem der Musiklokale zu einem engumschlungenen Tanz, einem *bone-to-flesh dance*. Alles weitere bestimmt die Einstellung zu einer verbreiteten Immunschwäche.

Nahe der US-Botschaft liegt das Speiselokal *Western Fried Chicken*, das ein passables *Southern Fried Chicken* auf der Speisekarte hat. Nur dem Geschmack des Brotes merkte man an, daß das Land lange unter britischer Kontrolle war.

Der zweite Tag sah uns im Lande der Ashanti, die im 19. Jahrhundert von den Engländern in vier blutigen Kriegen dezimiert worden sind und deren Hauptstadt Kumasi dem Erdboden gleichgemacht wurde. In der Folgezeit hat es unaufhörliche Konflikte um die Inthronisation der Stammeskönige gegeben. Die eine Fraktion behauptete, eines Königs *enstoolement* sei illegal gewesen, während die Gegenfraktion darauf beharrte, er sei auf gesetzeswidrige Weise *destooled* worden.

Solche Gedanken gingen uns durch den Kopf, als wir, wie gute Amerikaner auf unsere Verdauung achtend, an jenem Örtchen weilten, das den Ghanaern als *small room* bekannt ist. Ob es die im Reiseführer aufgeführte *Stomach Care Snack Bar* wirklich gibt, können wir nicht bestätigen. Doch ist Ghana insgesamt magenfreundlicher als Gambia, wo der Satz *mi bele de at mi* („my stomach hurts") jedem Arzt bis zum Überdruß bekannt ist.

Die Nacht verbrachten wir im Hotel *de Kingsway*. Anderntags nahmen wir direkt gegenüber im *Hamburger Heaven* noch eine Mahlzeit mit Pizza und Felafel zu uns. Man hätte sich dort auch die Haare schneiden lassen können, aber der Bus nach Accra wartete nicht. Wieder nahmen wir im Nkrumah Hotel Quartier. Jeder bessere Globetrotter kennt die dünnen Wände dieses Hauses. Als von nebenan der Satz *Are you nauseating for Nigeria?* zu uns drang, konnten wir uns ausrechnen, daß unser Zimmernachbar nicht an Übelkeit, sondern unter Heimweh litt.

21. Nigeria

Vor hundert Jahren zog die britische Regierung eine Grenze um ein gigantisches Gebiet mit einer Vielzahl von Stämmen und Völkern, die nicht wußten, wie ihnen geschah. Die Frau eines Kolonialoffiziers schlug für dieses explosive Gebilde einen Namen vor, der an ihm haften geblieben ist: Nigeria.

Weil wir vor den Zuständen am Flughafen von Lagos gewarnt worden waren, wollten wir das Land ursprünglich auf der Küstenstraße ansteuern, aber dann nahmen wir doch das Flugzeug – und wurden angenehm enttäuscht. Der Zollbeamte wies den Gedanken an Bestechlichkeit mit den Worten *no fit take bribe* weit von sich. Der Taxifahrer erwies sich als höflich und hilfsbereit. „*Mai job be taksi draiva*", sagte er auf dem Weg in die Stadt. „*Hau moch moni yu de mek evri dei fo yua wok?*", probierten wir unser Pidgin aus. „*A litul bit*", erwiderte er diplomatisch und zwinkerte uns im Rückspiegel zu.

Lagos hat je nach Zählweise zwei oder fünf oder acht Millionen Einwohner. Die Verkehrsverhältnisse sind chaotisch, das Unfallrisiko hoch. Die Schlagzeilen über Verkehrsunfälle lauten *A Ghastly Accident* oder *Another Ghastly Accident* oder nur kurz *Another Ghastly*. Sicher darf man sich nur im Stau fühlen, der hier *go-slow* genannt wird, ein Euphemismus für totalen Stillstand.

Nigeria ist schon vom Linguistischen her ein schwieriges Land. 250 Völker sprechen 400 Dialekte. Die Amtssprache ist Englisch, Pidgin wird geduldet, zwischen beiden ist als gebräuchlichstes Idiom *rotten English* angesiedelt. Der nigerianische Schriftsteller Saro-Wiwa hat einem seiner Romane ausdrücklich den Untertitel *A Novel in Rotten English* gegeben. Darin schildert er die Begegnung eines jungen Mannes mit den sekundären Merkmalen des anderen Geschlechts:

> *So that night, I was in Upwine Bar. No plenty people at first. I order one bottle of palmy from the service. This service is young girl. Him bottom dey shake as she walk. Him breast na proper J. J. C., Johnny Just Come – dey stand like hill. As I look am, my man begin to stand small small. I beg am make 'e no disgrace me especially as I no wear pant that night. I begin to drink my palmy. The service sit near my table dey look me from the corner of him eye. Me I dey look am too with the corner of mey eye. I want see how him breast dey. As I dey look, the baby catch me.*

Das Sprichwörtliche *you no go piss from inside your trouser* dürfte auch der Fremde verstehen. Darüber hinaus müssen die hier lebenden Ausländer, die „Expatriates", eine Mischsprache erlernen, wollen sie im Berufsalltag bestehen.

> Chef: „*Dial e-number naa, nú – inform' en Mr. Oseni ighea approve en-contract-i nii ne*".
> Sekretärin: „*Yes, Sir! Deghe e irr office, ni dial his house?*"

Sätze wie *won o arrest a single person* (man hat keinen einzigen verhaftet) sind eine beliebte Mischung aus Yoruba und Englisch, die hier *amulumala* oder Wortsalat genannt wird.

Die Einstellung zu Frauen fällt vielfach noch in den Bereich der Traditionspflege. Über den Tafawa Badewa Square spazierte ein Mann, auf dessen T-Shirt die Klage stand *Money had! Woman no sabe,* was so viel hieß wie „money is hard to come by. Woman don't understand". Emanzipatorisches Gedankengut beginnt gerade erst Fuß zu fassen. Das *equality palaver* beunruhigt die Männer. Einem unserer Informanten behagte die Aussicht auf ein Verbot der Polygamie wegen der dann zu erwartenden Doppelbelastung der Frau nur wenig: *Suppose you wife sabe book, no' sabe make chop* – was aber, wenn die Alleinfrau lesen, aber nicht kochen kann? Daß sich die mit Nigerianern verheirateten Ausländerinnen zu einem Verein zusammengeschlossen haben, konnten wir noch verstehen. Den Vereinsnamen *Nigerwives* hielten wir allerdings für etwas unglücklich und daß sich die Gruppe in der St. Saviour's Kirche traf doch für übertrieben.

In Ibadan logierten wir im *Influential* Hotel. Die Hauptattraktion dieser Millionenstadt ist der an Disneyland erinnernde *Transwonderland Amusement Park*, der so gar nicht zu den Hütten mit ihren verrosteten Blechdächern, dem Verkehrsgetöse und der stickigen Luft passen wollte. Chinua Achebe, der große alte Mann der nigerianischen Literatur, zählte sein Land zu den „most unpleasant places on earth", wobei er an Ibadan gedacht haben könnte.

Wir dagegen waren fest entschlossen, uns an den Titel unseres Reisehandbuchs zu halten, der da lautete *Enjoy Nigeria*. Ein Unikum ist die künstliche Hauptstadt Abuja, die Anfang der 1980er Jahre aus dem Boden gestampft worden war, um den ethnischen Spannungen in Lagos zu entgehen. Sinnigerweise ist zu diesem Zweck der seit unvordenklichen Zeiten dort lebende Stamm der Gwari vertrieben worden.

Der Michelin-Karte zufolge führte von Bissaula ein Saumpfad übers Gebirge nach Kamerun. Vor diesem Abenteuer nahmen wir im letzten *chop-house* vor der Grenze noch eine Stärkung zu uns. Nur gut, daß hierzulande selbst vegetarische Gerichte *plus a bit of meat* serviert werden. Der nigerianische Zöllner knallte uns Fußreisenden einen Ausreisestempel in den Paß und schrieb *Footing* daneben. Und schon sagte unser gutgelaunter Führer: *Oyo, Sir, we done ready for go now now.*

22. Kamerun

Einigermaßen intakt erreichten wir Douala, vormals Kamerunstadt. Am liebsten wären wir gleich weitergezogen nach Victoria mit seinen hübschen Häusern im deutschen und britischen Kolonialstil. Aber dann nahmen wir uns doch ein Sprichwort der Einheimischen zu Herzen: *hori hori brok trauser* („hurry, hurry breaks one's trousers") – was so viele bedeutet wie Eile mit Weile. Dazu kam, daß in Victoria gerade eine unheilbare Form der Malaria grassierte. Der Ratschlag aus unserem Handbuch „Avoid being bitten" erschien uns zu unverbindlich und die lokale Weisheit *monki dai, monki kam* zu zynisch.*

Etwa ein Fünftel der Einwohner ist englischsprachig, die Mehrheit spricht französich. Periodisch treten Spannungen zwischen anglo- und frankophonen Bürgern auf. John Fru Ndi, ein anglophoner Buchhändler, betrieb sogar die Abspaltung der englischen Westprovinzen. Das mußte er im Gefängnis büßen, aber daß der Gedanke an eine linguistische Sezession nicht gestorben war, bewies die All-Anglophone Conference in der Stadt Bamenda.

In den größeren Städten des Südwestens und Nordwestens hört man Kamtok, das landeseigene Pidgin. Es ist meist leicht verständlich. *A wen fo bai chop* heißt „I went to buy food". In einer Bar sagte ein verärgerter Gast in unserer Hörweite zum Kellner: *Why you no fit bring de glass quick?* Bei dieser Gelegenheit erfuhren wir ungewollt, daß nach Ansicht der Einheimischen die Weißen spitze Nasen haben – *waitman is nos shap plenti.*

Fußball wird mit religiöser Hingabe betrieben. Daneben findet man Moslems, Christen und animistische Religionen. Die christlichen Kirchen haben ihre zentralen Texte ins Kamtok übertragen. *Apta tri dey yi go komot to dai* – nach drei Tagen ist Jesus auferstanden von den Toten. Ein Vers aus dem Johannes-Evangelium – „er kam in sein Eigentum; und die Seinen nahmen ihn nicht auf" – war allerdings sehr frei übersetzt: *Jesus been came for salute He own people but He own people want for kill He.*

Einige Begriffe aus der lokalen Fauna sind nicht schwer zu merken. *Bif* ist das Tier, *bush bif* das wilde Tier, *wuman pig* die

* Affe stirbt, Affe kommt oder: Niemand ist unersetzlich.

Sau, *wuman got* (goat) die Ziege. Viele Sprichwörter beziehen ihre teils recht deftigen Bilder aus der Tierwelt. *Elefan di shit hawe i di chop* stellt einen engen Zusammenhang zwischen Nahrungsaufnahme und Verdauung her. Das etwas dunklere *Dog he las na God di klinam* („Dog's backside be God clean") besagt, daß Gott denen hilft, die sich nicht selbst helfen können.

In den englischsprachigen Landesteilen haben Reste viktorianischer Moral überdauert. Touristen in kurzen Hosen werden selbst bei großer Hitze mißfällig betrachtet. Doch scheint es neuerdings einige moralische Verschiebungen zu geben. Ein Kolumnist stellte mit nur mäßiger Entrüstung fest, daß junge Männer sich früher an Wochenenden ihren Gattinnen gewidmet haben, aber jetzt das Weekend lieber mit ihren Mätressen verbringen: *Plenty marred man-pickin no leck kell dem po'po marred wuman fo wickend. Dem leck dassol teck wuman-djomba fo kell' am fo wickend.*

Giv bele (belly) heißt schwängern, *get bele* schwanger werden. Einem Schwank aus der Kolonialzeit zufolge konnte keine Frau in der Nähe eines Deutschen arbeiten, ohne in andere Umstände zu geraten: *no wuman fit wolk fo jaman i no get bele. Botom bele* ist der Geschlechtsverkehr, *chuck yo mai* eine ödipal besetzte Aufforderung. Die Frage *Wuman fit pis fo botul*? setzt sich kritisch mit der weiblichen Anatomie auseinander.

Mischt man Englisch, Kamtok und Französisch, entsteht *Camfranglais*, ein besonders bei der Jugend beliebtes Idiom. Junge, aufgeweckte Menschen bestellen sich ein 33er, das ist die inländische Biersorte, mit den Worten: *Garcon, dash me one bottle Trente trois.* Gebildete Kameruner machen sich über diese Mélange lustig. In „Cameroon Life" stand zu lesen: *Nous are well dans our third meeting and je must say it is difficile to determine where to commencer.*

Daß Englisch ein großartiges „medium of misunderstanding" sein kann, wurde uns klar, als wir die Geschichte von einem nach Yaoundé abkommandierten irischen Bauingenieur hörten, der einen afrikanischen Kollegen zu sich nach Hause eingeladen hatte.

Ire: „*Would you like a cup of coffee?*"
Gast: „*Thank you.*"

Damit meinte er „nein“, der Ire verstand „ja“ und erkundigte sich, ob sein Gast den Kaffee mit oder ohne Milch und Zucker nehme. Das Mißverständnis nahm seinen Lauf:

Ire: „*How do you like it?*“
Gast: „*Like what?*“
Ire: „*How do you like your coffee?*“
Gast: „*Very well indeed.*“

23. Tristan da Cunha

Anfang des 19. Jahrhunderts ließen sich einige neuenglische Walfänger auf dieser weit vor Afrika liegenden Inselgruppe nieder. Doch eine richtige Einwandererinsel ist Tristan da Cunha nie geworden. Die heute dort lebenden Familien kommen mit sieben Nachnamen aus. Gemächlich das Lebenstempo. *On Tristan you get you own time*, vertraute uns ein Bewohner an und fuhr fort: *I can lay down sleep one day*. Kein Auto stört den Frieden. *We doesn't get run over by no motor-cars.*

Man hat Zeit und kann sich lange Ortsnamen leisten. Der *East-End-of-Sandy-Point-Gulch* liegt, wie Zetterstein entdeckte, am East End des Sandy Point. Die Örtlichkeit *Down-where-the-minister-land-his-things* verdankt ihren Namen einem entsprechenden Ereignis aus dem Jahr 1906. Zu unserer Lieblingsstelle wurde der *Hill-with-a-pond-in-it-on-the-east-side of-the gulch-come-down-by-the-Ridge-where-the-goat-jump-off.* Die Inselbewohner sind sehr heimatverbunden. *Everybody believe in they home, don't they?* verstanden wir als rhetorische Frage.

Eines der interessantesten Gesprächsthemen ist das Wetter. Hochdrucklagen werden ausführlich diskutiert – *We been having some lovely weather* –, die Heftigkeit der Stürme, von denen die Insel heimgesucht wird, in beredten Worten geschildert: *You people from the Houtside Warl' don't know what a storm like this can turn to.*

Ein charakteristisches Kleidungsstück ist das *egg-shirt*, ein weites Hemd, in dem die Inselbewohner Pinguineier einsammeln. Erspähen sie am Horizont ein Schiff, rufen sie *Sail, ho!* Ansonsten gibt es wenig Abwechslung. Hie und da eine Filmvorführung, die sie *Bioscope* nennen. Man versammelt sich zu diesem Zweck im

Dorfsaal, der *Prince Philip Hall*, benannt nach einem Royal, der 1957 die Insel besuchte.

Zeitweise waren unter hundert Einwohnern nur vier Frauen, so daß man sich genötigt sah, weibliche Wesen aus dem benachbarten St. Helena zu importieren. Ob ein ursächlicher Zusammenhang besteht zwischen dem notorischen Frauenmangel und den *spells*, den hysterischen Anfällen der Insulanerinnen, konnten wir nicht klären.

Die Sprache auf Tristan da Cunha ist eine Mischung aus Schottisch, Cockney, Boston Brahmin und südafrikanischem Englisch. Auf der zum Archipel gehörenden Insel Stoltenhoff hört man auch Afrikaans. Diese Elemente fügten sich bis Anfang der 1960er Jahre zu einem harmonischen Ganzen. Dann wurde die gesamte Bevölkerung wegen eines Vulkanausbruchs für anderthalb Jahre nach England evakuiert, wo ihr Dialekt gründlich versaut wurde.

24. Südafrika

Mit dem *Blue Train*, einem Luxuszug, waren wir von Pretoria kommend in Kapstadt eingetroffen. Gleich bei der Begrüßung wurden wir mit einer sprachlichen Besonderheit konfrontiert, der negativen Bejahung. Der Südafrikaner beantwortet die Frage „How are you?“ mit *No, I'm fine*. Dieses affirmative *No* bietet keinen Anlaß zur Beunruhigung. Eher machte uns vervös, daß unser Gastgeber zweimal sein Haus umrundete, damit er Gewißheit hatte, daß niemand in der Garageneinfahrt lauerte. Erst im Wohnzimmer entspannte sich die Lage bei *Brandy* und *Boeremoisie* (Aprikosenschnaps).

Anglikaans hat nichts mit dem Erzbischof von Canterbury zu tun, ist vielmehr eine Kombination aus Englisch und Afrikaans. Vielgebrauchte Wörter sind *blinkklip* (Diamant), *krygsraad* (Militärgericht) und *boerowors* (Burenwurst). Das Wort *lekker* bezieht sich in erster Linie auf Speisen und Getränke, findet aber auch Anwendung auf Menschen, zum Beispiel in der Wendung *the lekkerest ladies of London*. Begriffe für den unteren Verwaltungsbereich werden gerne den indigenen Sprachen entnommen. Miriam Makebas *patha-patha* heißt wörtlich *touch-touch* und meint nichts anderes als „sexual intercourse“.

Die alten Buren teilten die Zeit ein in die Perioden vor und nach der großen Rinderpest. Ein anderer Orientierungspunkt ist *Sheila's Day*. Das sind die Donnerstage, an denen die Dienstmädchen frei haben. Ein landeseigener Feiertag ist der *Day of Goodwill* am 26. Dezember. Beiläufig spricht man von dem *Day of Goodwill killings*.

Im Land der Diamantengruben hat das Wort *necklace* eine eigentümliche Bedeutung angenommen. So bezeichneten die Revolutionäre während der Apartheid einen mit Öl gefüllten Autoreifen. Er wurde Denunzianten brennend um den Hals gehängt. In diesen historischen Zusammenhang fallen Ausdrücke für fluchtartige Bewegung. *To take the gap* heißt: das Land verlassen. Der *chicken run* ist die Auswanderungsroute, später umbenannt in *owl run*, weil nicht mehr Feigheit, sondern Klugheit den Fluchtgedanken gebar.

Das *Sow Theffrican Innglish* wird von den *larnies* gesprochen, den weißen Leuten, und von den *Excuse-me-people*, den gebildeten Schwarzen, die sich von der eigenen Kultur entfernt haben und am liebsten ins Lager der Weißen wechseln würden: *trying for white*. Anders die *tsotsi*, die jungen Schwarzen auf den Straßen der Großstädte. Sie sprechen *tsotsi-taal* oder *fly-taal*. In den Hotels von Soweto, den Unterkünften für Wanderarbeiter, hört man wieder andere Klänge. Zu einem *gumba-gumba*, einem Treffen mit Musik, gehört auf alle Fälle das gute *kaffir beer*, gebraut aus Sorghum caffrorum, und meistens werden dazu *walkaways* und *headaches* gereicht, Hühnerbeine und Hühnerköpfe. Doch blieb uns diese Welt verschlossen.

25. Ostafrika

Zwischen Englisch und Suaheli findet ein reger Austausch statt. Die „company" wird zur *kampani*, der „manager" zum *meneja* und das „book" zum *buku*. Umgekehrt wird *piripiri*, die rote Pfefferschote, zwanglos ins Afro-Saxon übernommen, eine Sprache, der sich John Mbiti und andere heimische Schriftsteller bedienen. Man erkennt dieses Idiom leicht an den Nasallauten, die bestimmten Konsonanten vorangestellt werden. Aus „blood" wird *mblood*, aus „dark" wird *ndark*. Reiche Leute, die sich einen

Mercedes Benz leisten können, das sind die *mbenzi people*. Der Daimler ist übrigens deswegen so beliebt, weil er die besten *shokamzoba* (shockabsorber/Stoßdämpfer) haben soll.

Hat man sich einmal an die Mixtur gewöhnt, wird ostafrikanisches Englisch *andastandebu*. Und was man nicht sofort versteht, erhellt aus dem Zusammenhang. Als uns der Busschaffner mitteilte *Ngojea change yaho*, vermuteten wir richtig, daß wir noch Wechselgeld erhielten. Auch den Inhalt von Nairobis Zeitungen wußten wir uns einigermaßen zusammenzureimen. Schließlich konnte ein Verkehrsunfall nicht glimpflich ausgegangen sein, der mit folgenden Worten beschrieben wurde: *Ile accident ilitokea alipolose control na akaovertúrn and landed in the ditch.*

Sofern Organe aus zwei Teilen bestehen, wird dies auch ausgedrückt. Deshalb sagt man in Kenia *bottoms* statt „bottom“, *noses* statt „nose“ und *laps* statt „lap“. Verdoppelung zeigt außerdem Bekräftigung an. Überall in Ostafrika heiß *now-now* so viel wie bald. In Zimbabwe nennt man eine junge moderne Frau ein *now-now girl.*

Aus der „bottle“ wurde eine *botolo*, aus der „fork“ eine *foloko* und aus dem „table“ ein *tebulu*. Ostafrikanisches Schülerenglisch gestaltete den „part-time teacher“ zum *part-time cheater* um. Der älteren Generation bleibt es versagt, dermaßen souverän mit der Sprache umzugehen. In Sambia sind die Fragebögen der Behörden in einem Englisch abgefaßt, das viele Einwohner des siebensprachigen Landes überfordert. Ein Familienvater schrieb zurück: *Ngulala is my place village. Please try some easy questions. I know nothing about English.*

In Tansania plant die Regierung, Englisch ganz durch Suaheli zu ersetzen und Autoren, die auf Afro-Saxon schreiben, als schwarze Engländer zu brandmarken. Proteste gegen Straßenschilder wie *keep left, one way* oder *no entry* erinnerten uns ans ferne Quebec. Eventuell wird Suaheli – wie vor der Kolonialzeit – zur lingua franca an Ostafrikas Küsten. In Kenia hat sich der Dichter Ngugi wieder dem Kisuaheli zugewandt und sich von der englischen Sprache verabschiedet – mit einem Buch in englischer Sprache.

Gerechterweise muß man hinzufügen, daß Englisch in dieser Region seine Berechtigung hat – und zwar seiner Kürze wegen. Das Wort „gynaecology“ müßte auf Suaheli heißen *elima ya magonjwa yanayohusu viungo vya uzazi vya wanawake*, und da

Eines der letzten englischsprachigen Schilder in diesem Abschnitt des Äquators

wäre die Sprechstunde schon halb vorbei. Ob freilich *impregnated* das passendste Wort für geschwängert ist, gestatten wir uns zu bezweifeln.

Vor unserer Abreise wurden wir mitten in Nairobi Zeuge eines Disputs zwischen einem Engländer und einem Kenianer. Der Engländer beschwerte sich darüber, wie seine Muttersprache in Kenia verunstaltet würde. Der Afrikaner erwiderte, England habe kein Monopol aufs Englische, es sei höchste Zeit, dieser Sprache einen anderen Namen zu verleihen. Diesen Namen gebe es bereits, versetzte der Engländer so kühl, wie es in der Hitze eben ging: *Pidgin.*

26. Indien

Nur Myanmar, das ehemalige Burma, hatte mit Englisch nichts im Sinn, weil es nicht zum Commonwealth gehörte. Ansonsten jedoch kann man Englisch wegen seiner Verbreitung in Indien, Pakistan und auf den Philippinen geradezu als asiatische Sprache ansehen. In Indien existierten neben der „Times of India“ weitere 3585 englischsprachige Zeitungen, und ihre Zahl nimmt zu. Der anglo-indische Zeitungsstil zeichnet sich durch hyperkorrekte Bildungen aus. Nach mehreren politischen Morden schrieb ein Journalist über die Ermordung eines Kollegen: *Could the Encounter editor's doing away was one such?*

In Indien leben mehr englischsprachige Personen als auf den Britischen Inseln. Die Geschäfte sind *closed on Sundays* und *half-closed on Mondays.* Englische Verkehrszeichen warnen vor Steinschlag: *Watch for Shooting Stones.* Glaubt man den Verkehrsschildern, werden auf dem riesigen Subkontinent die Parkplätze knapp: *No Parking for Out Siders. If Found Guilty, All Tyres Will Be Deflated with Extreme Prejudice.*

Anglisierung und Kolonisierung gingen wieder Hand in Hand. Das Motiv von J.B.S. Haldane, in fortgeschrittenem Alter nach Indien zu geben („sixty years in socks is enough“) war sicher ehrenwert. Vielleicht zog es ihn aber auch zu seinen sprachlichen Wurzeln hin. Einer wenig beachteten Theorie zufolge leitet sich Englisch nämlich von der alten südwest-indischen Sprache Tulu her.

Indo-Englisch entsprang der Verbindung von britischen Kolonialsoldaten und indischen Frauen der unteren Kasten. Je nach Region und Berufsgruppe finden sich mannigfache Spielarten.

Denken wir an das von Rudyard Kipling unsterblich gemachte bengalische Babu-Englisch (*I am of opeenion it is not your old gentleman's precise releegion, but rather sub-variant of same*) oder an das Trägerenglisch der Kulis in britischen Diensten. Es kam ganz ohne Hilfsverben, Fürwörter, Konjunktionen und Mehrzahlendungen aus. Das *Butler English* oder *Kitchen English* zwischen Dienstboten und Herrschaft war womöglich noch minimalistischer. Das Partizip Präsens diente als Futur und das Perfekt wurde mit *done* gebildet.

Master: „*Is that done gone finished?*"
Butler: „*Yes, sare, all done gone finished whole.*"

Mahatma Gandhi verabscheute das Englische, allerdings weniger aus sprachästhetischen Gründen, sondern weil es dem Sprecher Prestige verlieh. Eine englischsprachige Inderin hatte zu Gandhis Zeiten größere Heiratschancen als eine, die sich nur des Vernakulars zu bedienen wußte.

Hinglish ist, wie der Name sagt, eine Mischung aus Hindi und Englisch. Wer englische Brocken unter seine Suada mengt, darf sich einen Distinktionsgewinn ausrechnen. Dasselbe gilt für Panjabi-Englisch. Wie oft wurden wir nicht mit dem Satz begrüßt *It's a nice day, hana*? Bei manchen geht die Verenglischung so weit, daß sie nur noch gebrochenes Panjabi sprechen. Eine unserer Reisebekanntschaften klagte, daß sie kein reines Panjabi mehr zustandebringe: *I wish, you know, ke mẽpure Panjabi bol səka.*

Inder sind familienorientiert. Immer wieder verlangte die Frage *How manyeth son are you to your parents?* eine Antwort. Engländer halten solche Bildungen für interessant, aber nicht für Englisch. Eines steht fest: Inder schufen sich einen ihren Bedürfnissen angepaßten Wortschatz, an erster Stelle natürlich *cow-worship*. Einen *by-two coffee* bestellen zwei Gäste, die sich eine Tasse teilen wollen. Ein *been-to* ist ein Mitbürger, der schon in England, ein *America-returned*, wer schon in den USA war, ein *non resident Indian*, wer sich ganz ins Ausland abgesetzt hat. Setzt man die Kinoanzeigen als Maßstab – *The most sexiest film ever shown* –, ist die Amerikanisierung nicht aufzuhalten.

Am *Institute of Distance Education* der Universität Bombay und an anderen Bildungsstätten wird systematische Sprachpflege betrieben. Hier ist die *teachery profession*, der Lehrerberuf, stark gefordert. Besonders überlaufen sind Englischkurse für Manager. Ein Fremdspracheninstitut verspricht in einer Anzeige:

> *We make you big boss in English conversation. Hypnotize people by your highly impressive talks. Exclusive courses for exporters, business tycoons.*

Wer Stellenangebote wahrnehmen will, muß Englisch können. In „Business India" wurden per Anzeige Finanzchefs gesucht, die folgende Qualifikationen mitbringen sollten:

> 1. *Half-grey haired executives*
> 2. *Must be waist-deep in their field of activities*
> 3. *Must be having the know-how and the do-how of the latest developments in their respective fields.*

Schier noch höher waren die Anforderungen an einen Verkaufschef:

> *Must go the whole hog-hug to keep things going.*

Den Weg zu einem guten Restaurant hatte uns ein freundlicher Herr gewiesen – immer geradeaus: *Go sutterait in the suttereet and ju bill find the house ju bant.** Vor uns ein *military hotel*, die gängige Bezeichnung für ein Lokal mit Fleischgerichten. Unter dem Personal herrschte Panik. Ein Gast hatte sich auf der Veranda übergeben: *Meester Bharma naj bhomitting in the bharanda.* Der Wirt war übler Laune. *Go and lie with a licking male dog,* rief er seiner Frau zu, die in der Küche werkte und die er für das Mißgeschick von Mr. Varma verantwortlich machte. Unser Essen aber war superb. Angelegentlich erkundigten wir uns nach dem Rezept, doch blieb die Auskunft im Ungefähren: *Some salt, pepper, and altogether mixing, and tomato sauce, soya bean sauce all to mix it.*

Gegen Abend erreichten wir den Nationalpark von Uttar Pradesh. Auf einer großen, rechteckigen Tafel wurden uns die Risiken einer Weltreise noch einmal vor Augen geführt:

Ramganga River is inhabited by crocodiles.
Swimming is prohibited.
Survivors will be prosecuted.

27. Pakistan

Von den fünfzigtausend Volksschulen im Panjab sind siebentausend „Geisterschulen". Sie existieren nur auf dem Papier – erfunden von korrupten Beamten, die das Geld dafür einstreichen. Über den Fremdsprachenunterricht an real existierenden Bildungseinrichtungen hatten wir uns anhand der Fachliteratur informiert, vor allem aus der 1975 in Karachi erschienenen Schrift „The English Errors of Pakistani Students" von T.L.H. Smith-Pearse. Man muß die hiesigen Schüler insofern entlasten, als ihre Lehrbücher von pädagogischer Schizoglossie befallen, das heißt fehlerhaft sind. *My mother is keeping food on the table* soll heißen „Meine Mutter stellt das Essen auf den Tisch".

Die kreative Umgestaltung der englischen Sprache findet auf mehreren Ebenen statt. Die Pakistani haben es auf sich genommen, Shakespeares Telegrammstil ins Poetische zu wenden.

* Go straight in the street and you will find the house you want.

Macbeths Satz „I'll fight, till from my bones my flesh be hacked" wurde umgedichtet in *I have resolved to fight till my flesh is cut off into pieces and is removed from my bones.*

Die Unternehmenskultur setzt Englisch hauptsächlich für hochwertige Güter ein, etwa die *luxury length cigarette* oder den *charisma bed room.* Ein *blueprint* ist übrigens ein Pornofilm. Gastronomen bedienen sich des Englischen, um Subtiles auszudrükken, und unterscheiden zwischen einem *candle light dinner* und einem *dim lit bouffet dinner.*

Unser Quartier war als *fooding & lodging* ausgewiesen. Dort konnten wir eine ältere Belgierin beobachten, die „kapuras" bestellte und die bestellten Hoden dann doch nicht aß. Auch für uns war Urdu ein sehr fremdes Idiom, selbst wenn es sich immer stärker mit Englisch zu einer Art Urdish verband. So gelang es uns, die meisten Zeitungsmeldungen zu entschlüsseln, und sogar zweimal am Tag, denn Karachi hat eine Morgen- und eine Abendzeitung, einen *morninger* und einen *eveninger.* Der Satz *There are over 11 lakh heroin addicts in the country* gibt keine Rätsel mehr auf, wenn man weiß, daß lakh für die Zahl 100 000 steht. Ein vielgebrauchtes Zeitwort ist *to lathi-charge*, wenn die Polizei mit Stöcken gegen Demonstranten vorgeht. Wir kannten das schon aus Indien: Stockhiebe für unbotmäßige Verkehrsteilnehmer. An der Malabarküste soll es einen Strandwärter geben, der Badegäste mit dem Stock traktiert, die sich zu weit aufs Meer hinausgewagt haben.

Analog zu den „shoplifters" kennt man hier die *stonelifters.* Die Zeitungen von Lahore finden von Zeit zu Zeit Gelegenheit, über diese Spezies zu berichten. *A woman was condemned to rajm,* hieß es in „The Nation", eine Frau war zum Tod durch Steinigen verurteilt worden.

Auch mit dem Arabischen ist Englisch kreative Verbindungen eingegangen. Neue Zeitwörter sind entstanden: *to salaam, to hallal, to shariat* oder *to fatwa. To murgha* kommt von dem arabischen Wort für Gockel. Die *murgha position* ist eine Körperstrafe. Der Übeltäter muß sich hinhocken, die Arme von hinten durch die Beine führen und sich die Ohren zuhalten.

Die „New World Order" halten moslemische Pakistani für einen neuen Trick der „kuffar", der Ungläubigen, um ärmere Länder unter der Knute zu halten. Politische Konflikte haben immer

The Pakistan Times, 7 May 1989

auch ihre moralische Seite. Wenn der pakistanische Kulturminister amerikanische Popstars wie Michael Jackson oder Madonna in sein Land einlädt, muß dies einem praktizierenden Moslem wie *an act of Shaitaan* vorkommen.

Pakistanisches Englisch gehört linguistisch zu Indien, Sri Lanka und Bangladesh, während in Nepal bereits der Übergang zum Hochlandenglisch stattgefunden hat. In der Region Annapurna bemerkten wir eine Hinweistafel *Before you defecate make sure there is no latrine around* und kürzten daraufhin unseren Besuch ab.

Auch Thailand konnte uns nicht reizen, zu sehr war dieses Land vom Tourismus zernagt. Die *Mud Battel* der *Dirty-Fighting Thai Girls* schreckte uns ebenso ab wie die Warnschilder an den Pagoden: *It is forbidden to enter a woman, even a foreigner if dressed as a man.*

28. Malaysia

Englische Kolonialherren hatten davor gewarnt, den malayischen Massen Englisch beizubringen. Man würde diesen Bauernkindern damit keinen Gefallen tun und nur ihre Unzufriedenheit mit manueller Arbeit nähren. Gefruchtet hat es nichts. Die Stewardessen der asiatischen Fluglinien tragen mit großer Selbstverständlichkeit den Button *Smile!* am Busen. Und am Flughafen von Kuala Lumpur wurden wir ebenso selbstverständlich zum *kaunter* für Gepäckermittlung gebeten.

Vom „orang puteh", dem weißen Mann, wurden die Begriffe *otomobi* („automobile") und *basikal* („bicycle") übernommen. Diese Wörter fielen nicht weiter auf in einem Land, in dem Tamil, Telugi, Panjabi, Urdu, Hindi und einige andere Sprachen geläufig sind. Die Nationalsprache Bahasa ist erst nach dem Abzug der „ang mo kui", der rothaarigen Teufel, zu ihrem Recht gekommen. Nach und nach wurde das malayische Englisch zu einer der bestdurchmischten Sprachen der Welt. In einem Satz wie *This morning I hantar my baby tu dekat babysitter tu lah** sind die Elemente aus beiden Sprachen gleichmäßig und gerecht verteilt. Das „lah" am Satzende drückt wie das deutsche „gelt" Vertrau-

* This morning I took my baby to the babysitter.

SENSATIONAL!
DIRTY-FIGHTING
THAI-GIRLS
MUD-BATTEL
SCHLAMMSCHLACHT
NEW
BORA BORA
Sexyland
INTERNATIONAL
DISCO BAR
NON STOP
SEXYSHOW
BORA BORA
NONSTOP SEXYSHOW
Bora Bora

lichkeit aus. Mit den Deutschen teilen die Malaysier die Abneigung gegen den dentalen Frikativ am Wortanfang und die Vorliebe für das Wörtchen „already". Eine Unterhaltung zweier Männer, die sich zum Essen verabredet, aber wegen einer Telefonstörung verfehlt hatten, hörte sich so an:

„Eh, where you go just now?"
„I diden go anywhere what. Want to makan now?"
„I just finish makan. I rang up 12 someting. Not in ah?"
„No, in all the time what."
„I rang up – so long nobody answer. I tought you went out already. No answer at all lah."
„Maybe the line spoil or what, because I never hear the phone ring. Okay lah, then I go and makan myself now. So hungry already."
„Sorry lah! Eat together another time lah."

Von den Chinesen haben die Malaysier die Beantwortung einer Frage mit dem bloßen Hilfszeitwort gelernt.

„Can you read newspapers in Chinese?"
„Can."

Im Ohr ist uns noch der gute Rat einer Textilverkäuferin: *This one, go many styles one.* Sie meinte, daß man die Hose zu vielen anderen Sachen tragen könne. Wir waren in die Stadt gegangen, um unsere Garderobe zu ergänzen und ein paar Kleinigkeiten zu kaufen. *To beli some barang-barang*, wie die Einheimischen sagen, die zur Betonung gerne ein Wort verdoppeln. Ein sehr scharfer Curry ist ein *hot-hot curry*, und wenn man einen Malaysier fragt, ob er Englisch spricht, kann einem als Antwort zuteil werden *broken-broken*.

29. Singapur

Wer in Singapur seinen Kaugummi aufs Pflaster spuckt, bekommt Ärger mit der Polizei. Der alte Premier Lee Kuan Yew wollte das Englisch seiner Untertanen so sauber halten wie die Straßen seines Stadtstaats. *Clean, clean English* sollte es sein. *Native Speakers* wurden eingeflogen, um den Einheimischen die Sprachflausen auszutreiben. Jedes Kind mußte Englisch lernen. Schulkinder zogen sich aus schwülen Wohnungen in den vollklimatisierten Flughafen zurück und konjugierten dort ihre Verben (*I cane someone, you cane someone …*). Die *underground shopkeepers* in den Luftschutzkellern legten sich englische Namen zu, das war *good for business.* Standardenglisch wurde zur Unterrichtssprache an der Nationalen Universität.

What is it you say, Sir? fragte der Taxifahrer. Wir wiederholten unsere Frage nach der voraussichtlichen Fahrtdauer. *Half hour should make it*, kam die Antwort. Singapur verfügt über ein effizientes Mietwagenleitsystem. Das *tracking* und *dispatching* der Autos erfolgt über Satellit.

Der Hotelportier hatte bereits eine telefonisch übermittelte Nachricht für uns: *Regarding your missing baggages. Is found in the Singapore Airport. You can go collect any time. Thank.*

Erwartungsvoll brachen wir zu einem ersten Rundgang auf. Aus dem Hotel *Raffles* trat in Badeschlappen und mit knackenden Kniegelenken ein Schwung käsiger Amerikaner, fest entschlossen, aus der Rente das letzte herauszuholen. In den Seitenstraßen der Serangoon Road saßen Männer auf ihren Fersen und spielten Mah-jong. Wir betraten einen *Coffeeshop.* Im Fernseher über der Theke lief die *National Quran Reading Competition.* Wir verlangten nach einer Zeitung. *Let's have spontaneous fun, and here's how*, lasen wir in der „Straits Times". Ein paar junge Burschen am Nebentisch schienen sich nach dieser Parole zu richten, denn sie riefen in Abständen *So, how, man* und *Can do, lah* und *Cartoon, man*!, was so viel heißen mußte wie „Urkomisch, Mann!".

Um der Hitze für eine Weile zu entkommen, setzten wir uns in ein Kino mit Klimaanlage. Der Schaukasten hatte *Malay filems got* versprochen. Gezeigt wurde allerdings ein Film auf Hindi mit Untertiteln auf Bahasa. Als wir wieder hinausgingen, wisperte ein Besucher seiner Begleiterin zu: *They catch no ball* – sie verstehen nur Bahnhof.

Wir kamen an einem *girlie barber shop* vorbei, das ist ein Friseurladen cum Massagesalon. Weniger betuchte Bürger gingen hier ein und aus. Die besserverdienenden *crocodiles* oder Frauenhelden frequentieren solche Häuser nicht, denn sie leisten sich einen *spare tyre*, eine zweite Freundin.

Inzwischen hatte die Abendkühle eingesetzt. *Let's go for makan*, riefen die Passanten einander zu, laßt uns essen gehen. So hielten es auch wir. Im Hotelrestaurant entschieden wir uns für *Our's specialty*, nämlich *Beef stick's*, das den Vorzug hatte, *airflown meat* zu sein, und vermutlich aus Neuseeland stammte. Genauer wollten wir es nicht wissen. Wenn es um Tiere geht, stellen Singaporeer gewohnheitsmäßig zwei Fragen: *Can bite or not?* und *Can eat or not?*

Seit den Studien von George Herbert Mead wissen wir, daß die „Konversation der Gesten" bei Hunden linguistisch nicht erfaßbar ist. Daran lag es vielleicht, daß Singapurs Polizeihunden Englisch als Zweitsprache beigebracht wurde. In dieser polyglotten Stadt sollten die Tiere außer chinesischen auch englische Kommandos verstehen. Die „Sunday Times" berichtete, daß die intelligenteren Schäferhunde schon nach zwei Wochen ihre Dienstaufgaben auch auf Englisch abwickeln konnten.

Indonesien strichen wir aus dem Reiseplan. Erstens waren uns geologische Messungen zugespielt worden, wonach Wolkenkratzer einstürzen und Djakarta im Erdboden versinken würde. Wichtiger noch: Durch die asiatische Finanzkrise kostete ein *Big Mac* dort jetzt zwei Tageslöhne.

30. Vietnam

Auf dem Flughafen Than Son Nut wurden wir unmittelbar mit dem bürokratischen Sozialismus bekanntgemacht. Punkt 10 des Zollformulars lautete:

> *Objects must be declared. If there isn't any object mark X only at the quantity „Yes" column and if there are any objects, cross out letter „No" and at the same row write exact amount of weight of these objects in words or in figures.*

Ausdrücklich wurde davor gewarnt, eine falsche Zollerklärung abzugeben *or having the action of tricking.*

Vietnamesen mußten sich wohl oder übel auf fremde Sprachen einrichten. Vor dem Fall von Dien Bien Phu konnte man Satzfetzen hören wie *demain moi bouver thé avec ami*. Nach dem unfreiwilligen Adieu der Franzosen löste amerikanisches Pidgin französisches Pidgin ab. Die in unserem Hotel aushängende Hausordnung ließ diesbezüglich keine Mißverständnisse aufkommen:

> *Visitor should not be carried: Arm, pets of material should be fired into the hotel. Visitor should be wanted to help: Eating and drinking, urgent or cure a descase. Should be phoned with the receptionist. Visitor should not be ironed – cooked – washed. Hotels has got every service for a visitor.*

Das erste, was die Südvietnamesen von ihren amerikanischen Beratern gelernt hatten, war die militärische Abkürzungssprache. Als lebenswichtig erwies sich MGR, die *Mere Gook Rule* – „es ist nur ein Schlitzauge". Ferner mußte man sich einige idiomatische Wendungen aneignen wie *number one* für hohe Qualität oder *never happen* für ein starkes Nein. Je länger der Krieg dauerte, desto unbeliebter machten sich die amerikanischen Soldaten. Vietnamesische Kinder schleuderten die *Hershey bars* auf die Panzer zurück und riefen: *VC căc dâù you* – der Vietcong wird auch töten.

Das Amüsiergewerbe hatte sich als erstes amerikanisiert. Die Bars von Saigon warben mit *tuneful music* um dollargespickte Gäste. Daß man im Hurenviertel am südöstlichen Ende der Tu Do Street zu jeder Tageszeit einen *chop chop* oder Oralverkehr geboten bekam, wußte jeder kleine Korporal. Vor den Militärcamps draußen in der Provinz gab es immer einen *Truck Wash*. Der Lkw wurde gewaschen, während der Fahrer *boom-boom* machte, das eingebürgerte Wort für die fleischliche Vereinigung. Das vulgäre Wort für koitieren sparten sich die Amerikaner für andere Zwecke auf. Nachdem die USA den Krieg verloren hatten, riß sich ein Colonel noch einmal am Riemen, trat auf einen der Sieger zu und spuckte ihm ein lautes *Fuck*! ins Gesicht.

Einige Jahre nach dem Frieden von Paris wartete die kambodschanische „Phnom Penh Post" mit der Schlagzeile auf *„Hanoi Unveils Larger Dong"*. Sittenwächter wandten sich nach anfänglicher Erregung enttäuscht ab, denn der Dong stand in diesem Zusammenhang für die vietnamesische Währungseinheit und nicht für das membrum virile.

31. China

Dem guten Dr. Li unsere Beschwerden begreiflich zu machen, war keine einfache Sache. Doch schließlich ging ein Leuchten über seine Züge und er sagte: *Now I understand – your transmission system is too smooth*. Dr. Li, der in Taiwan oder Norddakota studiert hatte, kannte ein wirksames Gegenmittel und trichterte uns für etwaige Notfälle die chinesische Wendung für „ich habe Durchfall" ein: uŏ lā dùdsi.* Wir schafften es bis zum Bahnhof und bezogen eines der Schlafwagenabteile, die der Chinese *soft sleepers* nennt (im Gegensatz zu den *hard sleepers* für die Rucksacktouristen).

Die nachträgliche Ursachenforschung für die Transmissionsstörung blieb im Vagen stecken. Die „kalten Nudeln nach Art des Straßenverkäufers" hätten es ebenso sein können wie das „Tofugericht nach Art der pockennarbigen Alten". Vom Genuß gesottenen Hundefleisches hatten wir ohnehin Abstand genommen. Der Winter ist für die hiesigen Hunde die gefährlichste Jahreszeit, denn da ist ihr kalorienreiches Fleisch – das die Einheimischen Duftfleisch nennen – besonders begehrt. Ei, wie die Kessel dampften in der kalten Luft! Eine Engländerin aus dem Nachbarabteil erzählte uns, wie sie sich an ihrem zweiten Reisetag nach der Natur eines wohlschmeckenden Bratens erkundigt hatte: „Quack, quack?" hatte sie, schon mit einem leisen Argwohn in der Stimme gefragt. „Wuff, wuff", schallte es fröhlich zurück. Die Lady hatte daraufhin einen größeren Bogen um die Stadt Kanton geschlagen, weil in ihrem Reiseführer stand, daß dort kein Tier vor den Kochtopfen sicher sei und der bekannte Drachen-Tiger-Phönix-Topf nichts anderes sei als ein Schlangen-Katzen-Hühnerkessel.

Es ging ja nicht nur um Haustiere. Auf den Speisekarten standen Gerichte, die einem wahrhaft Angst einjagen konnten, so das *Dreaded veal cutlet* aus dem Shangri-la Restaurant zu Shang-hai. Chinesen begrüßten sich angeblich mit „Hast du gegessen?" statt mit „Schönes Wetter heute". Aber erstreckte sich dieser Gruß auch auf die *Cold shredded children*, denen wir in Hainan gerade noch entkommen waren? Nachdem sozusagen offen war, ob sich

* 我拉肚子.

die Transmission schon wieder beruhigt hatte, gaben wir uns in der *Food Street* von Tianjin, Chinas drittgrößter Stadt, mit ein paar Teigtaschen zufrieden und wandten uns wieder den Sprachstudien zu.

Mitte des 17. Jahrhunderts hatten die Briten den ersten „Handelsstützpunkt" in China errichtet. Weil die Chinesen die Sprache der ausländischen Teufel nicht perfekt erlernen wollten und Engländer den Einheimischen grammatikalisches Englisch nicht zutrauten, traf man sich in der Mitte, beim Pidgin. Für chinesische Gewerbetreibende kam eine sechzehnseitige Broschüre mit dem Titel Hongmao Tongyong Fanyu auf den Markt, das hieß so viel wie Allgemeine Fremdsprache Rothaariger. Einige der wichtigsten Ausdrücke darin waren *flen* für „friend", *belley* für „very" und *one piecee waifo* für „a wife". Gebrauchsenglisch also, wie der Satz *you one big piecee foolo man* („Du bist ein Riesendummkopf"). Die Briten lernten schnell. Ging einer zum Schneider, sich einen Smoking anpassen zu lassen, hörte sich das so an:

Tailor, my have got one piece plenty hansome silk; my want you make one nice ebening dress.

Nach dem Bürgerkrieg hatte in San Francisco ein chinesisches Bordell aufgemacht. Das Preis-Leistungs-Verhältnis war in *bits* (dollars) angegeben:

> *Two bittee lookee*
> *Flo bittee feelee*
> *Six bettee dooe*

Wer eine schöne Tochter sein eigen nannte, suchte sie als *one piece much handsome daughter* an den Mann zu bringen. Beneidet wurden Männer, die sich *two piecee waifo* leisten konnten, wie die reichen Kaufleute oder arme mormonische Missionare. Mit dem Aufkommen der Tourismusindustrie haben sich bestimmte Standardwendungen herausgeschält, darunter die Gretchenfrage *Carei grandi hola, pickenini hola?* („Do you want a big whore or a small whore?").

Schön wohnten wir im *Garden* Hotel zu Xi'an, ein *joint venture* mit den Japanern. Den besten Ausblick genießt man allerdings vom *Daiding Guest House* auf dem heiligen Berg Taishan. Shanghai und seine *skyline* fazinierten uns weniger. Auch kam uns der dortige Vergnügungspark *Great World* irgendwie bekannt vor.

Für die aus unerfindlichen Gründen *Reading Room* genannte Disco im Hotel JC Mandarin fühlten wir uns zu alt. Also schlenderten wir lieber durch die *Shopping Arcades* des Hyatt oder jagten im *Culture Relic & Antique Shop* nach seltenen Postkarten. Treffliche Fundstellen enthielten die Telefonbücher auf den Hotelzimmern. Sind die gelben Seiten gar in China erfunden worden? Auf einem südchinesischen Telefonbuch stand jedenfalls in großen Lettern: *Suck the miracle of Guangdong market through Guangdong Yellow Pages.*

Oft sind wir nur dagesessen und haben bei grünem Tee auf den Gelben Fluß hinausgestarrt. Hie und da genehmigten wir uns einen *weishiji*, das heißt Whiskey. Aber auch Coca-Cola hat seinen Siegeszug durch die Provinzen angetreten. Trink *kekoukelè* – das erfrischt. Ebenfalls nicht zu verachten waren die beiden Weinsorten *Great Wall* und *Celestial Palace*. Weniger empfehlenswert hingegen: *Dynasty*. In Guizhou, im Südwesten des riesigen Landes, wird ein alkoholhaltiges Getränk namens Pingba Jiaojiu gebraut, das allein durch seine Werbung überzeugt: *High smell harmonized with good smell, sweet after be drunk, with long smell.*

Blumiges Chinesisch in Handelsenglisch zu übersetzen, ist bis heute eine große Herausforderung geblieben. Die Zeile „Wenn der Mond durch die Pfirsichblüten scheint" wiederzugeben mit *Supposey moon make shine t'hloo peach blossom* kündet davon. Nicht unterschätzt werden darf das chinesiche Talent, die phonosymbolische Kraft gerade des amerikanischen Englisch abzufedern. In Hongkong kam der Hollywoodfilm *Not as a Stranger* unter einem neuen Titel in die Kinos: *The Heart of a Lady as Pure as a Full Moon over the Place of Medical Salvation.*

Auf einer unserer in Hongkong zugekauften Reisetaschen stand geschrieben:

The bag up today
The style for the modern person
The class of fantastic

Im benachbarten Macao wurden Blousons angeboten, deren Aufdrucke einen spielerischen Umgang mit der Sprache bezeugten:

We makes the world history
We delivery the best fashion
Happiness is content ment

Textiler Expressionismus sprach aus diesen Zeilen auf einem T-Shirt:

Heart Flupierenith
in crement at the light
Don't she would be go to
Tell him to the
next morning she take
in the bright sun shine
nice mirthful stuff

Bei den Slogans auf Hemden, Jacken, Plastiktüten und anderen Artikeln treten Sinn und Grammatik hinter den dekorativen Zweck zurück. In weiten Teilen Asiens vermitteln Sprüche à la *The Good Feeling of Fine* die Aura von aktiver Freizeit und körperlicher Fitness. Dekoratives Englisch, wenn wir es so nennen wollen, wird desto idiosynkratischer, je weiter man ins Landesinnere vordringt. An der Ostküste, nahe der großen Wildganspagode, oder am Berg der sich brechenden Wellen und vor allem unter dem Turm des Prüfungsersten bemerkten wir T-Shirts mit dem durchaus rationalen Graffito *Never put off till tomorrow what you can do today. Let's sport.* Nur ein paar tausend Kilometer westlich davon, in Changsha, dem Studienort Maos, war aus diesem Spruch geworden *neveriputhofftlhtomorohowhatyoucnotforyaetspot.* In Guilin, Hauptstadt der autonomen Provinz Guanxi, war derselbe Satz weiter verfremdet worden und lautete jetzt: *mnehirpitohuihdronjfemtyouovhreourhwhehpt.* Nun könnte einer sagen, dekoratives Englisch passe sehr gut in die Landschaft von Guilin, die viele für die schönste in ganz China halten. Niemand kann freilich leugnen, daß man sich mit dieser Sprachform nicht nur zeitlich ein Stück von AElfric und Shakespeare entfernt hat.

Englisch als Sprache des Imperialismus war während des Kalten Krieges zugunsten von Russisch zurückgedrängt worden, doch wendete sich das Blatt nach einem politischen Zerwürfnis, das die Fachgelehrten *Sino-Soviet Split* getauft haben. Zwar: westliche Fremdsprachen konnten laut Parteizentrale nach wie vor zu geistiger Verschmutzung führen, waren aber notwendig. Mao *himself* büffelte Englisch, auch wenn er seinen schweren Hunan-Akzent nie ablegen konnte.* Englisch hatte erstens der Revolution zu dienen, zweitens dem Kommunismus allgemein. In den 1980er Jahren folgten hundert Millionen Chinesen dem Imperativ eines Sprachkurses der BBC: *Follow Me*. Doch merkwürdig: Den 59 Stämmen in der Volksrepublik ist Englisch nicht zur lingua franca geworden, und die Schriftsteller ziehen Esperanto vor. Pidgin ist, außer in Hongkong, so gut wie ausgestorben. Das moderne *Chinglish* arbeitet mit Leihübersetzungen – *hān bǎo* für Hamburger; *sānmíngzhi* für Sandwich; *dik si gau ga:k* für Diskothek – und klingt unter dem Einfluß der parteihörigen „Peking Review" leicht obszön. *I would like to expose myself in another field*, schrieb ein Stellenbewerber an eine amerikanische Firma. Auf einer Cocktailparty in Shenyang zu Ehren ausländischer Gäste rief der Gastgeber mit erhobenem Glas *Up your bottoms*. (Ein US-Konsul, nicht faul, erwiderte: *Up yours too*.) Den Vogel schoß seinerzeit die „China Daily" ab, als sie meldete, der Tennisspieler John McEnroe habe seinen dreiundsiebzigsten *Grand Prick title* eingeheimst. Anscheinend tragen nur wenige statt Maos Rotem Buch ein Englischlexikon mit sich herum. Bloß die TDK's, die chinesischen Yuppies, haben sich ganz dem *hot slang* ergeben. *T* steht für *TOEFL* (obligatorischer Sprachtest vor Auslandsreisen), *D* für *Dancing*, K für *Kissing*.

In einem Bürogebäude am North Point von Hongkong steht in fein säuberlicher Schrift über den Toilettenschüsseln: *Please Flash After Use*. Wir kannten die Stadt von früheren Gastvorträgen her und erinnerten uns an intensive Diskurse, die wir damals über Literatur geführt hatten:

„You finished ‚Gone With the Wind'?"
„Yes, finish."
„You liked it?"
„I don't like."

Es war uns vergönnt, die letzten Tage der Kronkolonie mitzuerleben. Die *foreign devils* saßen auf gepackten Koffern. Auch die Sprache der ehemaligen Kolonialmacht sagte *Goodbye*. Mandarin wird Englisch als Hongkongs Zweitsprache bald abgelöst haben.

* Mao zhuxi zixue yingyu (Wie sich der Vorsitzende Mao selbst Englisch beibrachte), In: Shanghai Foreign Language Institute News vom 30. 12. 1981.

32. Japan

Wegen der seit Hongkong anhaltenden Unpäßlichkeit suchten wir nun doch den *homu dokuta*, den *home doctor* eines Tokioter Freundes, auf. Der Unterschied zwischen chinesischer und japanischer Mentalität wurde sichtbar, als uns die Sprechstundenhilfe einen englischen Fragebogen aushändigte, auf dem es hieß:

Do you have hot fit?
Do you ever run after your nose?
Are you haunted by horribles?
Are more than half of your teeth off?

All dies hätte sich ohne Schamgefühle beantworten lassen, doch war uns die letzte Frage

Do you feel as if there were two when there is only one?

dann doch zu intim, und wir empfahlen uns unter einem Vorwand.

Mit *Japanglish*, dem japanischen Englisch, waren wir schon bei der Anreise bekannt geworden. Nachdem unser *sheduled fright* oder Linienflug ausgefallen war, hatten wir den Superexpress Shinkansen bestiegen, der mit 300 Stundenkilometern durch die liebliche Landschaft raste. *We are oppressed for time*, verriet uns der Schaffner. Nur gut, daß Jizo über uns wachte, der Schutzpatron aller Reisenden!

Statt eines *hoteru* (Hotel) hatten wir diesmal ein *wanrumo manshon* (one room mansion) bezogen. Die Einrichtung entsprach westlichen Standards. Es gab *eakondishona* und *hotto shawā* (hot shower). Schnell hatten wir uns an die Toilettenpantoffeln gewöhnt, mit denen man die übrige Wohnung nicht betreten durfte.

In den Dreißiger Jahren hatte es Versuche gegeben, Englisch aus dem öffentlichen Leben zu vertreiben. *Anaunsa* (announcer) und *rekodo* (record) wurden aus den Rundfunkanstalten verbannt. Nach dem Zweiten Weltkrieg jedoch kehrte *ingurisshu* oder Englisch mit Macht zurück. Im großen Stil wurden englische Lehnwörter den etwas engen japanischen Phonemen angepaßt. Es entstand *gairaigo*, die Sprache des Auslands, eine lingua *very* franca, derer sich nicht nur die Oberen Zehntausend bedienten, die *appaa-ten-na*, sondern auch der Mann und die Frau auf der Straße. In einem der städtischen Omnibusse trat uns ein Fahrgast sachte auf die Zehen, nur um *Pardon me* sagen zu können. Übung macht den Meister.

Wir entschlossen uns, einen Wagen zu mieten. Der Autoverleiher versorgte uns mit einem Merkblatt über das richtige Verhalten im Verkehr:

> *When passenger of foot heave into sight, tootle the horn. Trumpet him melodiously at first, but if he still obstacles your passage then tootle him with vigor.*

Bis Kyushi kamen wir mit dem Linksverkehr einigermaßen zurecht. Auch von den *baikus*, den Kleinmotorrädern, die uns umschwirrten, ließen wir uns nicht allzusehr irritieren. Aber dann sorgten Verkehrsschilder wie *Stop – Drive Sideways* oder *Try Bigger and Bigger but keep More and More Slowly* doch für einige Konsternation. Einmal wurden wir Zeuge eines *hitto endo run* (hit and run), eines Unfalls mit Fahrerflucht. Jean-Paul Sartre hatte es schon richtig erkannt: Die Hölle, das sind die anderen Verkehrsteilnehmer.

Japaner haben ein freies Verhältnis zu fremden Sprachen. Der vermutlich deutsche Begleittext zu unserem neuen Reisewecker lautete: *Wenn alles richtig eingesielli isluruchen Sie S2 bis Slunuen und Mirunan die Doppelpaaki ruchi blini Mirunan mii blindenderu coppalpunkt arschetun. Solite die Doppelpunki ruchi blinish drucken Sie S1.*

Der Grundbegriff des Erwerbslebens ist natürlich ebenfalls deutsch. *Arubaito* kommt von Arbeit. Ansonsten aber ist Englisch *all over everything*, wie die Werbefachleute sagen, egal, ob es sich um das Milchpulver *Creap*, das Erfrischungstuch *Cat Wetty* oder das Präservativ *Rony Wrinkle* handelt. Auf den Einkaufstüten eines Schirmherstellers steht *A for Ambrella*. Wirkung geht vor Genauigkeit.

Mit großem Ernst gehen *salaryman* und *bijinesuman* in den Großstädten ihrer Tätigkeit nach. Weil sie möglichst *sofisutikeeto* (sophisticated) auftreten wollen, legen sie auf eine tadellose äußere Erscheinung Wert. Ein Herrenbekleidungsgeschäft gelobte: *Our staffs always support the liberation and authority of gentlemen's mind.* In einem Schaufenster mit lauter grauen Anzügen hieß es *Fun for every day in the year.* Auch die Damen, die hinter ihrem *kompyuta* saßen, waren so einförmig angezogen, als besäße das Land nur einen einzigen *fasshon dezaina* (fashion designer). Die meisten trugen tadellos sitzende Strümpfe als würden sie nur bei der Firma kaufen, die von sich behauptete: *Our nylons cost more than common, but you'll find they are best in the long run.* Übrigens konnte man in vielen Geschäften mit Yen, Dollar oder *doitsu-maruku* bezahlen. Das war *fea inafu* (fair enough). Nebenbei entdeckten wir, daß die Negativwerbung ebenfalls in Japan ihren Ursprung hat. Oder wie sollte man das Schild *You Want It, We Had It* in einem Laden für Unterhaltungselektronik anders interpretieren?

Die Sprache bei Geschäftsverhandlungen ist Englisch. Trotzdem oder gerade deswegen ist es bei der interkulturellen Kommunikation schon zu folgenschweren Mißverständnissen gekommen. Der Satz eines australischen Vorstandsvorsitzenden „I have a passion to do business" war vom japanischen Übersetzer wiedergegeben worden mit „Er ist sexuell erregt und bereit, zur Sache zu kommen." Das Geschäft platzte.

Die japanische Eßkultur ist durch amerikanisches *Fast Food* wenn nicht bereichert, so doch ergänzt worden. *Makudonaruzu* verkauft erwartungsgemäß vor allem *hambaga.* Eine nationale Konkurrentin firmiert als *Mosburger*, denn sie führt den *burger that offers you most.* Quer über dem Angebot steht *All take out ok*! Wie in allen Etablissements dieser Art sind *foku, naifu* und *spuun* aus Plastik.

Ein kleines Café in der Nähe unserer Wohnung versprach *something drinks and many to eat.* Dort nahmen wir hin und wieder unser Frühstück ein, den *morning service*, bestehend aus *beekoneggu* (bacon & eggs) und Saft von *gurepufurutsu* (Grapefruits) oder *painappulu* (pineapple). Einmal probierten wir *interigento yoguruto*, einen intelligenten Yoghurt, ohne allerdings den Unterschied zu dümmeren Produkten herausschmecken zu können.

Unterwegs hielten wir uns an *chikin* mit *poteto chippu* und andere einfache Speisen. In Kobe wurden uns in der Osteria del Ghiotto ganz passable *supagetti* vorgesetzt, die dazugereichte *mito sosu* (meat sauce) schmeckte etwas wäßrig, aber hinterher versöhnte uns eine Portion *aisukuriimu* (Eiskrem) und ein *suturoberi shotokeki* (strawberry shortcake).

Einmal wollten wir in unserer kleinen Wohnung Steak braten, kamen aber mit der Anweisung für die Kräuterbutter zum Selbermachen nicht zurecht (*knead well the all*!). Im Steakhouse waren wir dann aber auch nicht besser bedient, denn hinter dem Teppan Yaki mit *fried hormons* stand auf der Speisekarte *Before Your Cooked Right Eyes*. Der *smoked sermon* (salmon), den wir stattdessen bestellten, schmeckte, als hätte er das Ende des Tokugawa-Shogunats nicht mehr erlebt. Mit dem *Roque Fart* mußten wir uns abfinden, obwohl das Sprichwort sagt, Käse *schließt* den Magen. Auf Gemüsebeilagen haben wir verzichtet, seit wir dieses erfuhren: *All vegetables served in this restaurant are washed in water passed by our head chef.*

Die traditionelle japanische Teezeremonie dauerte bis zu vier Stunden, und der *cha* wurde dabei schaumig geschlagen. Heute stürzt der *trendy boy* seinen *lemon-ti* aus der *tikappu* in wenigen Minuten hinunter. Figurbewußte halten sich bei Tisch an *minelalu wota*. Zwischen Büroschluß und Vorortszug genehmigt man sich ein *gurasu wain* (glass of wine) oder einen Whiskey *on za rokku* (on the rocks). In einer *Airisshu bar* (Irish Bar) wird natürlich vor allem *biru* getrunken.

Wenn uns die japanische Gastronomie frustriert hat, so spielten Kommunikationsprobleme dabei sicher eine Rolle. Der *Health Drink* mit dem Namen „Yakult" hätte uns wahrscheinlich besser gemundet, wäre auf dem Beipackzettel nicht folgendes gestanden:

> *„Yakult" ist the health drink manufactured with scientifically cultivated micro-organisms which has tremendously beneficial role to the human intestines. Our firm confidence is based on the fact this live bacteria can go through strong acid in the stomach and bile and reach the intestines alive.*

Der moderne Japaner liebt *ekusaito supōtsu* (exciting sports). Bei einem *sayonara hōmu ran*, einem spielentscheidenden Homerun, gerät er schier aus dem Häuschen. Der *Nyuu-yooku shittii marason* und die großen Boxkämpfe stoßen auf gewaltiges Interesse. Auch wir haben manchen *knokku auto* im Fernsehen verfolgt. Fernsehen heißt hier *terebi*, was sich angeblich nicht von „terrible" herleitet.

Sport ist Gegenstand der *masukomi*, der Massenkommunikation, aber auch Teil des persönlichen, aktiven Lebens. *I feel besical-*

ly you should sports for yourself, lasen wir auf einer Tragtasche. *Gorufu* oder Golf gehört mit zu den Statussymbolen. *Bodiibiru* (bodybuilding) ist angesagt. T-Shirts fordern zur Leibesertüchtigung auf: *Let's go out looking smartened up* oder *Let's sport violent all day long*. In letzter Konsequenz genügt ein nacktes *Let's* ohne weitere Erläuterung.

In Japan gibt es 300000 Lokale für Karaoke, was so viel heißt wie „leeres Orchester". Allein in Tokio zählt man 150000 Vergnügungsstätten. Entsprechend hart ist der Konkurrenzkampf. Die Wirte müssen sich einiges einfallen lassen, um Gäste anzulokken. Eine Bar lockt mit *All ladies are half price,* eine andere offeriert *Special cocktails for the ladies with nuts,* was uns dann doch zu selektiv vorkam. Die Geishas, haben wir uns sagen lassen, sind gewerkschaftlich organisiert und verkaufen keinen Sex. Wer sie anbaggert, macht sich des *seku hara*, des „sexual harassment" schuldig. In Sapporo ist seit den Olympischen Spielen die Zahl der Kneipen auf 3000 gestiegen, darunter auch die eine oder andere *toppuresu bar*, wo die Drinks *topless* serviert werden. Wer „oben ohne" für einen alten Hut hält, sucht einen *no-pan shabushabu* auf – dort wird das Suppenfondue „unten ohne" gereicht: *no panty*, ohne Höschen.

Je länger wir im Lande weilten, desto argwöhnischer betrachteten wir den wiederholt vorgetragenen Heischesatz *Let's English*. Mehr und mehr kamen wir zu der Überzeugung, daß es sich bei diesen Sprachformen eher um eine Spielart des Japanischen als des Englischen handelte. Nirgendwo trat das so offen zutage wie auf dem Gebiet der Sexualität. Der *pureboi* oder Playboy jagt hinter Frauen mit großen *bubuso* (boobs) her und verläßt sich auf seine *majiku pawa,* seine „magical power", der er notfalls mit Aphrodisiaka aufhilft. Weniger attraktive Männer begnügen sich mit einem *datchi waifu*, einem „Dutch wife", sprich: einer Gummipuppe. Sogar die *masutabeshiyon* wurde aus dem Englischen entlehnt, und neulich kam doch tatsächlich – mit Blick auf den amerikanischen Exportmarkt – ein Ratgeber mit dem Titel *How to Onani* heraus.

Mehr und mehr Japaner halten die christlichen Feiertage ein. An Weihnachten wird in so mancher Familie ein *kurisumasu keki* (Christmas cake) gebacken. Hochzeitspaare wenden sich vom Shinto-Ritual ab. Sie erliegen dem *Shinderera con*, dem Cinderella-Komplex, und lassen sich in einer Kapelle von einem Priester trauen. Folgt man der „Japan Times“, können die Hochzeitsfeiern zu sehr ausschweifenden Angelegenheiten geraten: *The wedding was consummated in the garden of the American Consul's home in the presence of more than a hundred distinguished guests.*

In der geistigen Tradition des Landes ging es um das Erfassen der All-Einheit und das Wissen um das verfließende Leben. Die gebildete Schicht versucht, die poetische Grundstimmung in die verwestlichte Welt hinüberzuretten, und prägt Sentenzen wie *Joyful, let's dash in a sky* oder *I jumped far beyond your imagination, I found myself a gust of wind* oder, etwas anzüglicher, *The wind has shifted to the south-east, I am exposing myself comfortably to it.* Derlei auf T-Shirts und Photo-Alben verewigte Sinnsprüche versetzen den Leser in eine eigentümliche, zum Nachdenken anregende Stimmung und verjagen seinen *inferioritti kompurekkusu* (Minderwertigkeitskomplex). Ins Grübeln kamen wir über einem Text, der auf gewöhnliches Briefpapier gedruckt war:

> *One day I persuaded myself unwillingly it must have been as what it was. Even now I don't know why and it's a fun not knowing why. My sepia memory blurred with tears. I long for it so much now. I always feel there is something wonderful at the top of the upward slope and I will surely meet a stunning he standing there down up to the slope.*

Wir wurden jedoch auch mit der Härte des japanischen Alltags konfrontiert und, öfter als uns lieb war, ist uns ein unhöfliches *foogetto itto* (forget it) oder gar ein *fakku yuu* entgegengeschleudert worden. Eine landläufige Redensart hat eben doch einiges für sich: *You can't pleasure everybody*. Und da wir stets bemüht sind, dem Leser auch die Kehrseite eines Landes nahezubringen, sei an dieser Stelle die Werbekampagne eines Pharmakonzerns erwähnt, der nach dem Motto *Keep your Anus clean* eine aus Haileber und anderen Ingredienzien hergestellte Seife auf den Markt geworfen hat, die unter dem Namen *I like clenliness* im Fachhandel erhältlich ist.

O bitter Wissen, eingeheimst auf Reisen!

33. Australien

Wir waren gewarnt. In einem Londoner Souvenirladen hatten wir das Schild gesehen

English and French Spoken
Australian Understood

Das Schwierigste ist die Aussprache. Australier reden flach, bewegen Lippen und Unterkiefer nur minimal, um Staub und Fliegen keine Chance zu lassen. Die Lautsprecherdurchsagen auf den Bahnhöfen dienen nicht der Information der Fahrgäste, sondern sind Teil eines rituellen Singsangs zur Abwehr böser Geister: *Awe lathers trine nair stannemat num-rye teen plafform pliz.*

Sachsen behaupten, es gebe kein breites Sächsisch, sondern nur Sächsisch. Mit Sicherheit aber existiert neben dem *General Australian* und dem *Cultivated Australian* das *Broad Australian*, das kein „r“ kennt, Vokale zu Diphtongen erweitert und streckenweise wie Cockney klingt. Australier sind stets unzufrieden mit der vorgegebenen Länge eines Wortes. Aus „Christmas“ machen sie *Chrissie*, aus „football“ *footy* und aus der „University“ – wie im Deutschen – die *Uni*. Sogar den Mosquito verkürzen sie liebevoll zu *mozzie*. Der *dingo* lieferte das Modell für Wörter, die auf „o“ enden: *arvo* für „afternoon“, *drongo* für „fool!“, *garbo* für „garbage collector“, im Scherz auch *greta* genannt.

Den echten Australier erkannten wir an charakteristischen Ausrufen wie *Holy Farmer!* (verbreitet in Melbourne), *Spare me days!* oder *Strike me handsome!* Er liebt eine kräftige Ausdrucksweise, verfügt aber nicht über mehr Vulgarismen als der Engländer, wie gerne behauptet, sondern setzt diese nur häufiger ein. Das Große Australische Adjektiv (GAA) heißt *bloody*. 18 Millionen mal kommt es einer Hochrechnung zufolge dem Australier im Laufe seines Lebens über die Lippen. Ähnlich dem amerikanischen *fucking* (*Jesus-fucking-Christ*) findet *bloody* als Wortteiler Verwendung (*Kanga-bloody-roo*).

Eine gewisse Rauheit im täglichen Umgang ist nicht zu überhören. Im Frühstücksraum unseres Hotels wurde ein Gast gefragt *How do you like your eggs?*, worauf der erwiderte *Scrambled, like your brains* und sich krachend auf die Schenkel schlug. Der rüde

Tonfall läßt sich historisch erklären. Die Grundfesten des australischen Empire sind von Sträflingen gelegt worden, und deren „cant“ hat das moderne Australisch vorgeprägt. Dazu gesellte sich das *Kriol*, die Kontaktsprache zwischen Ureinwohnern und weißen Eindringlingen. Ein vielgebrauchter Satz auf Kriol lautete *Ai bin rid det buk* – „I have read the book“. Ferner stößt man auf Pidginreste melanesischer Wanderarbeiter in New South Wales sowie auf das *Kanaka Pidgin*, das um 1900 auf den Zuckerplantagen von Queensland blühte. Missionare verloren keine Zeit, den 23. Psalm („Der Herr ist mein Hirte“) ins Maori Pidgin zu übersetzen: *Big Name watchem sheepy-sheep, watchem blackfella. No more belly cry fella hab...*

Das australische Kernland ist das *outback*, das weite Hinterland, dessen rechtwinklige Grundfläche begrenzt wird von den Orten Parramutta, Wolloomoolloo, Burradoo und Cookbandoon. Einer Redensart zufolge haben die Menschen dort *hands like feet and feet like No. 4 shovels*. Vom Gemüt her sind sie *meaner than a goldfield Chinaman*, und ihre Metaphern entstammen direkt der Natur: *This is the carrot at the end of a rainbow.* Die Erwerbsgrundlage dort draußen ist die Schafzucht, die sich zu rentieren begann, als man den Tieren die Schwänze nicht mehr stutzte und damit verhinderte, daß der Anus von Maden befallen wird. Die Poesie der Arbeitswelt vermittelten uns Schafscherer mit ihrem Lied *Click go the shears, boys, click, click click.*

Australien produziert eigene Weine, etwa den *Oakwood Simple White,* ein Exportschlager für England. Die Einheimischen sind eher auf *sheep wash* eingeschworen, auf Bier in allen denkbaren Gärungsstufen. *Snockered* heißt so viel wie betrunken.

Zu den landestypischen Begrüßungsformeln zählt *How are things on your side of the black stump?* Die Antwort darauf lautet gewöhnlich *She's apples*, das bedeutet „alles okay“. Männer begrüßen sich gerne mit der sexuell unterlegten Frage *Gettin'any?*, was mit *Knocking it back with a stick* quittiert wird. Sollte eine *sheila* sich doch einmal zieren, wird mit einem Schnaps als *leg opener* nachgeholfen. Mit der Zeit gelang es uns, Nuancen im Sprachgebrauch zu unterscheiden. *To exercise the armadillo* steht für regulären Geschlechtsverkehr, während *saddling paddock* die Liebe im Freien bezeichnet.

Der Freimut im Verbal-Sexuellen findet keine Entsprechung bei der Bezeichnung anderer Körperfunktionen. So wird der Gang zur Toilette schamhaft mit der Wendung *to see Mrs. Murray* umschrieben. Jemand erzählte uns die Geschichte von einem Buchdrucker, der sich weigerte das Wort *arse* zu setzen. Nach längerem Zureden ließ er sich zu *backside* herbei.

Der eminente Sprachforscher Afferbeck Lauder hat als erster entdeckt, daß zahlreiche australische Wörter aus dem Englischen stammen. Lauder entwickelte eine raffinierte Methode, den sprachlichen Ursprung zu enthüllen. Er verließ sich nicht auf das Schriftbild, sondern sprach die Worte laut vor sich hin.

Australisch	**Englisch**
semmitsches	sandwiches
baked necks	bacon and eggs
egg-nishner	air conditioner
ebb-tide	appetite
skew smee	excuse me
Tsawright, dear	It's all right, dear
egg-jelly	actually

Emma Chisit war nicht etwa ein Eigenname, sondern stand für die Frage „How much is it?“ Nach und nach entschlüsselten wir auch kompliziertere Sätze dieses *Strine* genannten Dialekts:

Australisch	**Englisch**
Hancher gotcher key?	Haven't you got your key?
Weaner rup this program.	We interrupt this program.
Didgerie dabat it	Did you read about it
in the piper?	in the paper?

Ganz zufrieden sind die Australier mit ihrer eigenen Sprache nicht. Sprachreformer kommen vor allem aus dem Amateurlager. Ein ehrgeiziger Komponist setzte sich in den Kopf, Australisch von allen romanischen Anleihen zu säubern und *take-it-easy* zu sagen statt „relaxed“, *to-be-shame* statt „to humiliate“ und *key-hammer-string* statt „piano“. Sein System wollte er unter dem zutreffenden Namen *Blue-eyed English* in Umlauf bringen, was mißlang. Hauptsache, er ist ein guter Komponist.

Eine Psychologin strebte eine Rechtschreibreform mit dem Ziel der Vereinfachung an. Auch sie fand nur ein schwaches Echo, obwohl sie ihren Plan mit einem sprechenden Beispiel illustriert hatte: *Th readr has th impression of text containing misprints, but reading is not diflclt, words can be ritn fastr and texts require less space.*

Oder war es gerade das Beispiel, das die Leute abgeschreckt hatte? Schwer zu entscheiden. Es stimmt schon, was ein australischer Premier einmal gesagt hat: *Life wasn't meant to be easy.*

34. Philippinen

Daß die Philippinen das Land mit der größten englischsprechenden Bevölkerung sind, kommt nicht von ungefähr. Nach dem Spanisch-Amerikanischen Krieg (1898) haben amerikanische Militärs den unterlegenen Filipinos die englische Sprache aufgenötigt und das landeseigene Vernakular in den Untergrund geschickt. Unter amerikanischer Vormundschaft sind Kinder bis in die 1950er Jahre hinein bestraft worden, wenn sie auf öffentlichen Spielplätzen Wörter aus ihrer eigenen Sprache gebrauchten.

Die Kombination aus heimischem Tagalog und amerikanischem Englisch heißt *Taglish* oder auch *Mix-Mix*. Eine Prise Spanisch darf dabei sein. Mit Genugtuung nahmen wir zur Kenntnis, daß man bei der Fluglinie Northwest Orient das Ticket auch nachträglich bezahlen kann – *pwede kayong magbayad three months after arrival.* Und man darf sich in Manila den passenden Abflugtag heraussuchen: *Maka-pipili ng inyong most convenient departure date.*

Die besseren Herrschaften verkehren in einem prestigeträchtigen Filipino Englisch miteinander. In der Hauptstadt heischen die feinen Damen für ihre neuen Kleider Komplimente mit der Frage *Neat, no?* Die Unterschicht spricht Wasserbüffelenglisch. Sie verzichtet auf Pluralendungen – *I plant many tree-*, macht bei der Verneinung keine großen Umstände – *she no eat* – und läßt es bei den Zeitwörtern mit den Infinitiv sein Bewenden haben – *the child go, the father come.*

Der philippinische Politiker Joseph Estrada hat sich einmal bei einem Gastwirt beschwert, weil es ihm trotz Gestik nicht gelungen war, die Bedienung auf sich aufmerksam zu machen: *Sir, I have been fingering your waitress for a long time, but she just doesn't want to come.* Weil sich die gebildeten Stände über das Englisch sozialer Aufsteiger gerne amüsieren, faßte Estrada einen radikalen Entschluß: *To avoid all that, I'll stop speaking English. From now on, I'll just speak in the binocular.* Dann wurde er zum Präsidenten gewählt und wird es schwer haben, seinen guten Vorsatz durchzuhalten.

35. Papua-Neuguinea

Als der Herzog von Edinburgh nach Neuguinea kam, wurde er der Bevölkerung als *man bilong kwin* vorgestellt, als der Mann, der der Königin gehört. *Bilong* ist das zentrale Wort der Sprache, die man *Tok pisin* (Talk Pidgin) nennt. *Gras bilong ai* ist das Haar, das zum Auge gehört, also die Augenbraue. *Shit bilong fire* ist die Asche.

Das pazifische *Tok pisin* wurde früher auch *Tok waitman* genannt, weil so angeblich die Weißen redeten. Der Grundstock ähnelt dem chinesichen Pidgin, doch mischten sich besonders vor dem Versailler Vertrag auch deutsche Laute darunter. Einen nur geringen Einfluß übte der *oui-oui-man* aus, der Franzose.

Unüberhörbares Merkmal von Tok pisin ist die Verdoppelung von Silben. *Lukluk* heißt starren, das *glas bilong lukluk* ist folgerichtig der Spiegel. *Pispis* heißt urinieren, *pekpek* sind die Faeces. Wer die Frage *yu pekpek blut?* („Haben Sie Dysenterie?") bejahen muß, sollte sich schleunigst ins *haus sik*, ins Krankenhaus, begeben.

Unproblematisch ist das Erlernen der Zahlwörter. *Wanpela haus* ist ein Haus, *tupela haus* sind zwei Häuser, *tripela haus* deren drei und so fort. *Sewendei* heißen die Seventh-Day-Adventisten. Ein typischer Missionar bezog ein Haus mit *tupela room*, nämlich *wanpela room spaisesima*, wanpela room bilong sleep.* Mit Hilfe der *baibel* sind die Eingeborenen in die Beziehung zwischen dem *big fala Masta* (Gott) und dem *son-bilong-God* eingeweiht worden. Das Vaterunser beginnt mit den Worten *Fader bilong mifelo, you stop long heven.*

Hinter vorgehaltener Hand erzählen sich die Einheimischen die Geschichte von einem Mormonenmissionar namens Brigham

* Speisezimmer

Brodie, der mit Leuchtreklame durch den Busch zog, um das *Bokis Mormon* zu verhökern. Sein Sprachlehrer im fernen Utah hatte übersehen, daß *bokis* nicht von „book“, sondern von „box“ kommt und als *bokis bilong misis* die weibliche Vulva bezeichnet. Über Brodies Verkaufserfolge liegen keine Zahlen vor.

Tok pisin fügt sich zu einem sprachlogischen Ganzen. *Meri* ist die Frau, *meri bilong publik* die Hure. Das neunte Gebot lautet: *Ju no laikim meri bilong karapelu man. Pusim* (to push) steht vulgo für kopulieren. Wer sich etwas vornehmer ausdrücken will, sagt *tupela i plei* – die beiden spielen miteinander.

Papua Niugini, so die korrekte Bezeichnung, ist ein *independen kontri* mit einer eigenen *konstitusen*. Dem *gavman* (government) steht ein *praim minista* vor. Im Parlament, dem *haus ov asembli*, wird auf Pidgin debattiert. Die Volksvertreter sind nur ihren Wählern verantwortlich: *I tru Memba i gat diuti o wok long elektroret bilong em.*

Tok pisin bringt Prestige. Wer einen Bewohner entlegener Gebiete düpieren will, stellt seine Pidginkentnisse in Frage und insinuiert damit, daß er aus seinem Dorf noch nicht herausgekommen ist. Im Hochland ist ein Pidgin vom Pidgin entstanden. *Imbonggu* und andere Sprachen schriftloser Stämme üben einen korrumpierenden Einfluß aus. Hinten im Wahdi Valley ist Tok pisin bis zur Unkenntlichkeit entstellt worden. Statt *moning-taim tru* („early in the morning“) hört man dort das unschöne *eli moning tru*. Kompliziert gestalten sich Gerichtsverhandlungen, wenn der Angeklagte aus dem Hochland kommt. Der Pidgindolmetscher übersetzt das Englisch des Richters in Tok pisin, der Dialektdolmetscher übersetzt das Tok pisin in die Sprache der Highlands. Das gleiche Spiel wird gespielt, wenn ein Prozeßbeteiligter nur *Hiri Motu* beherrscht, das vormalige Police Motu, das früher von der Kolonialpolizei benützt wurde und heute vor allem im Innern der Insel anzutreffen ist. Hiri Motu ist rechtlich mit Tok pisin gleichgestellt, hat aber fast nichts mit ihm gemein.

Tok pisin selbst zerfällt in vier Gruppen:
- *Tok pisin bilong bus* oder Buschpidgin
- *Tok Masta*, das Pidgin der Europäer
- *Tok pisin bilong ples*, das Pidgin auf dem Land
- *Tok pisin bilong taun*, das urbane Pidgin.

Für Sprachforscher ist die Aufsplitterung ein Dorado, weil die Forschungsmöglichkeiten fast unbegrenzt sind. Die beiden Linguistenkollegen Mühl und Häusler spielten sich mit wachsender Begeisterung die Morpheme zu, bis, ja bis sie von einem Zöllner, der Morpheme für eine Droge hielt, gestoppt und für 36 Stunden in Polizeigewahrsam genommen wurden. Dort wurde dann die Idee geboren, zentrale Texte des Tok pisin ins *Taki-Taki* zu übertragen.

Was Linguisten stimulieren mag, gereicht nachdenklichen Papuas zur Sorge. Lange wurde nichts gegen den Zerfall des Pidgin unternommen, doch haben sich jetzt die Zeitung *Wantok* (One Talk) und die *Nasenel Brotkasting Komisin* (Nationaler Rundfunkrat) zu einer Kampagne für Sprachreinheit aufgeschwungen. Die Pidginpuristen kämpfen auch gegen die Verhunzung ihrer Sprache durch das Englische. Premier Michael Samare hat sich ausdrücklich gegen das Eindringen englischer Begriffe ins Tok pisin verwahrt. Nichts gegen Shakespeare, aber bitte als *Wilum Sekspia.* In Bougainville lauschten wir mehr oder weniger ergriffen dem Monolog des Marc Anton in der Landessprache:

> *Pren, man bilong Rom, Wantok, harim nau. Mi kam tasol long plantim Kaesar. Mi noken beiten longen. Sopos sampela wok bilong wampela man i stret; sampela i no stret; na man i dai; ol i wallis long wok i no stret tasol. Gutpela wok bilongen i slip; i lus nating long giraun wantaim long Kalopa. Fesin bilong yumi man. Maski Kaesar tu, gutpela wok i slip.**

Als wir die Fidschi-Inseln erreichten, mußten wir uns sprachlich gar nicht groß umstellen, denn die Einwohner orientieren sich am allgemeinen melanesischen Pidgin, das sie in Queensland gelernt haben. Vor dem Ersten Weltkrieg sind sie dort wegen der Politik

* Julius Caesar III, 2.

des „White Australia“ hinausgeworfen worden. Ihre Sprache, damals Kanaken-Englisch genannt, nahmen sie mit. Einen Satz wie *He big feller hen, but no make'm egg* konnten wir sofort verstehen. Daß viele Fidschi-Insulaner obendrein Standardenglisch beherrschen, mußte ein amerikanischer Bauingenieur erfahren, der sich an einen seiner Handlanger mit der Aufforderung gewandt hatte: *Bring one fellow stick long me two times, thick all same this arm bilong me.* Der Angesprochene erwiderte: „You want a pole twelve feet long and three inches across“.

36. Vanuatu

Im südlichen Pazifik ist ab 1840 eine Kontaktsprache namens *Sandalwood English* entstanden, so genannt nach dem Haupthandelsartikel der Neuen Hebriden, Neukaledoniens und der Loyalty Inseln. Sandalwood English lief auch unter der Bezeichnung *Beach-la-mar*, was sich vom französichen bêche-de-mer oder Seegurke herleitet. Seegurkenenglisch pflegt die heutige Regierung von Neukaledonien, wenn sie mit dem Slogan *Enjoy French Odor in the South Pacific* um Touristen wirbt. Damals wurden in dieser Sprache harte Geschäfte abgewickelt. *Mifala wan kopra, mifala no wan misnari*, sagten die Insulaner – wir brauchen jemand, der Kopra kauft, das getrocknete Mark der Kokosnuß, keine Missionare.

Aus den Neuen Hebriden ist der Staat Vanuatu erwachsen und aus Beach-la-mar die Amtssprache *Bislama*. Die Bewohner der *Ripublik blong Vanuatu* sind stolz auf ihre *nasonal langwis*, die sie auch *nambawan langwis* (number one language) nennen. Der staatliche Rundfunk sendet zu 90 Prozent auf Bislama, zum Beispiel Warnungen vor dem nächsten *hariken* oder Hurrikan.

Diese melanesische Spielart des Pidginenglisch ist doppelgesichtig. Einesteils gestattet sie sprachliche Knappheit wie bei den Fragen *you orait?* (Wie geht es Ihnen?) oder *wanem taim?* (Wie spät ist es?). Andererseits muten etliche Wendungen und Begriffe recht umständlich an. Der einfache Satz „Er stottert“ muß mit *Toktok blong hem i brokbrok* wiedergegeben werden. Das kurze Wort Piano wird umschrieben mit *big fellow bokus (box) you fight him he cry.*

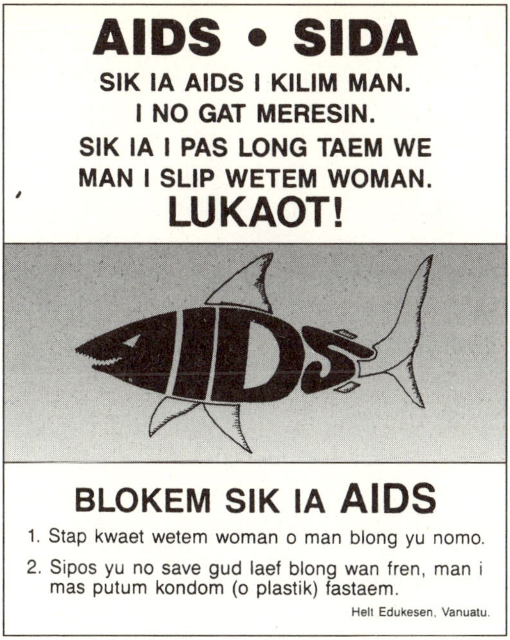

Bislama dient als Freisprache für rund hundert verschiedene Dialekte in dieser Region. Männern verschafft die Beherrschung einen Statuszuwachs. Wer nicht Bislama kann, gilt als Hinterwäldler, der möglicherweise noch einer Naturreligion anhängt, einen Lendenschurz oder die traditionelle Penishülse trägt. Bei der Frau wird auf Sprachkenntnisse weniger Wert gelegt, so lange sie die ganze Arbeit tut: *verigud woman mek ol wok.* Eine ausgeglichenere Arbeitsteilung fanden wir im Königreich von Tonga. Aber auch da war es der Mann, dem der Fremdsprachenerwerb oblag: *I learn English, I wash, my wife, he iron.* Wenigstens stieg in dieser Frau kein *pronoun envy* auf.

37. Salomonen

Plande pipol wandem go-go hom for krismas, erfuhren wir im Reisebüro: Viele Leute wollten die Weihnachtsfeiertage zu Hause verbringen. Nachdem wir kein Flugticket mehr ergattern konnten, nahmen wir das Schiff. Es wurde eine stürmische Überfahrt. Beim Dinner erhob sich unser Tischnachbar und wankte zur Reling. Bleichen Angesichts kehrte er zurück und erklärte überflüssigerweise: *Disfeller belly bélong me he too sore.*

Schon kannten wir zwei der gebräuchlichsten Vokabeln im *Solomon Pijin*. Disfeller ersetzt den bestimmten Artikel, *bilong me* das besitzanzeigende Fürwort. Noch wichtiger ist das Wörtchen *stop*, dessen Funktion man nur durch Beispiele erläutern kann. *Mary bilong me no stop* heißt „meine Frau ist nicht hier". *Where pencil bilong me he stop?* bedeutet „Wo ist mein Bleistift?" *Me no savvy* – „I don't know" wäre eine vorstellbare Antwort auf diese Frage.

Die Missionare fundamentalistischer Sekten haben einesteils für die Verbreitung des Pijin gesorgt, diese lingua franca an ihren Missionsschulen dann aber auch wieder verboten und reines Englisch gefordert. Während des Pazifikkrieges kam der amerikanische Einfluß hinzu. *I want to make this perfectly clear* ist jedem Insulaner geläufig, seit Richard Nixon 1942 dort seinen Kriegsdienst abgeleistet hat. Seit 1978 haben die Salomonen ein eigenes gafaman (government) und gehen brav zur *elekson'anga** fürs Parlament. In den entlegeneren Zonen, bei den *pipol bilong bush*, ist das Leben noch ursprünglich, aber auf Malaita und Guadalcanal hat der technische Fortschritt seinen Einzug gehalten. Dort findet man kaum noch einen Haushalt ohne *aesboks* (icebox).

Seit der Unabhängigkeit ist das Kulturleben aufgeblüht. In der Stadt Honiara wurde *Bigman Edipus* von Sophokles gegeben. Wir entschieden uns dann aber doch für eine Hamlet-Aufführung. Wieder war es der Monolog, der uns am meisten fesselte:

Which way this time? Me killem die finish body b'long me
Or me no do 'im? Me no savvy.
Might 'e better 'long you-me catchem this fella
string for throw 'im this fella arrow,
Altogether b'long number one bad fella,
name b'long him fortune?
Me no savvy. Might 'e better 'long you-me
For fightem 'long altogether where him 'e makem you too-much,
Bimeby him 'e fall down die finish?
Me no savvy.

* *anga* ist die Nominativ-Endung.

38. Pitcairn

Die steilen Felsen dieser anderthalb Quadratmeilen großen britischen Kolonie werden hauptsächlich von polynesischen Ratten und Ziegen bevölkert. Am nördlichen Abhang liegt Adamstown. Dort leben etwa siebzig Menschen adventistischen Glaubens, Nachfahren der Meuterer von der Bounty und ihrer aus Tahiti stammenden Frauen. Auf ihren in Miami hergestellten T-Shirts steht „Pitcairn". Ihre Sprache setzt sich zusammen aus dem Englischen des 18. Jahrhunderts, Tahitisch und Seemännisch. *Musket* heißen alle Feuerwaffen, *hupe* ist der Nasenpopel, *lahaa* sind die Haarschuppen. Der chinesiche Einfluß fehlt ganz.

König Hiti Hiti hatte mit seiner an Captain Bligh gerichteten Frage „King Tschoootsch?" den ersten linguistischen Kontakt hergestellt. Aus dem anfänglichen „No, no Fletcher" seines geilen Töchterleins wurde bald ein „Yes, I do". Noch im ersten Jahr der Besiedelung schenkte Mauatua dem ersten Mischling das Leben. Er trug den rein englischen Namen *Thursday October Christian*. Jeder der neun Meuterer beanspruchte eine eigene Gattin. Die mitgereisten sechs Polynesier mußten sich in die restlichen drei Frauen teilen. Die nachfolgenden Rassenkrawalle überlebte keiner der polynesischen Männer. „They killed each other off", schrieb mitleidlos Mark Twain.

Die Eröffnung des Panamakanals im Jahr 1914 erleichterte den Zugang zu der 4100 Meilen entfernten Insel merklich. Seitdem wissen wir mehr über das *Pitkern*, die Sprache der Insulaner. Verschiedene Dialekte sind darin aufgesogen worden. Fletcher Christian stammte aus Moorland Close in Cumberland; William Brown aus Leicester; John Adams, der eigentlich Alexander Smith hieß und am längsten überlebte, war Schotte. Polynesisch wurde unterdrückt, das Britische dominierte, aber Teechuteatuaonou und die anderen Frauen legten sich eine Mischsprache zu, die bis heute lebendig geblieben ist und neben Englisch als zweite Amtssprache dient.

Mit den Worten *I gled fo meet you* wird der Neuankömmling freundlich begrüßt. Mit der Frage *Wut a way you?* erkundigt man sich nach seinem Befinden, mit *Wha sing your ley doing?* nach seinen Plänen. Überstürzt wird nichts – *morla el do* oder

„tomorrow will be soon enough". Leben und leben lassen, heißt die Parole. *I car wat ti way foo look foo peoples mestake I make to much me self* oder „I don't know how to look for other peoples mistakes, I make too many myself". Einer längeren Unterhaltung zweier Inselbewohner zu folgen, bedarf einiger Konzentration.

„Hello, watawe you this-day?"
„Quite bad'an."
„Fut? You got ha fever? Ha fever as ha cock fer Archie's ala es William?"
„Well, I feeling fever, this morning when I get up I got a mad head. I feel drunk as a fowl, semising I bin drink one pile of strong drink, spinning around."
„And fut you got you's hoe? Baut you gwen?"
„I mean to go up ha hill plant some tete and ha tale and some beans."
„Well, if you feeling drunk'an same as ha cock fer Archie's you oughtn't to go up!"

Die wichtigste Meldung über die inseleigene Funkanlage lautet *Yourley, ship es comen*. Dann eilen *all-hands* zu der Schaluppe unten am Strand, um mit der Besatzung Korbwaren und Schnitzereien gegen frisches Obst aus der Kühlanlage zu tauschen. Übrigens kann man diese Souvenirs auch im Internet über die *Pitcairn Island Virtual Shopping Mall* bestellen.

Essen ist neben Cricket das beliebteste Hobby, Übergewicht außer faulen Zähnen das größte gesundheitliche Problem. Hauptursache dürfte *humpus bumpus* sein, der aus heimischen Früchten gebratene Bananaburger. Das allgemeine Alkoholverbot wird mit Bier übertreten. *Boney-boney* (sehr dünn) gehört zu den am meisten geschonten Vokabeln in diesem Abschnitt des Pazifik.

Pitcairn übt eine starke Anziehungskraft auf Romantiker aller Länder aus. Vor Jahren ist eine junge Norwegerin dorthin ausgewandert, weil sie William Bligh mit ihrem Lehrer identifizierte. Kürzlich hat eine Engländerin nach monatelangem Aufenthalt ein Buch über Pitcairn geschrieben. Das Urteil der Inselmenschen über die ihnen gewidmete Fachliteratur fällt eher zurückhaltend aus: *All ha books full of shit.*

Selbst unter Palmen kein ungeschützter Verkehr mehr! Fletcher Christian müßte heute Kondom tragen.

39. Hawaii

Yu si di ailan get koknat? Natürlich sahen wir die Insel mit den Kokospalmen. Früher wurden sie die „Sandwichinseln" genannt, und das elitäre Gehabe ihrer Bewohner war im ganzen pazifischen Raum bekannt: *New Zealand kanaka eatee white man; Sandwich Island kanaka – no.*

Wer sich im modernen Honolulu zurechtfinden wollte, mußte zwei Grundbegriffe lernen: *Makau* heißt Richtung Berge, *makai* Richtung offenes Meer. Eine Wegbeschreibung mit dem Diamond Head und dem Ewa Beach als Anhaltspunkten hörte sich so an: *Go Ewa one block, turn makai at the traffic light, go two blocks Diamond Head, and you'll find the place on the makau side of the street.*

Auf den Abfallkörben und den Registrierkassen des Royal Hawaiian Shopping Center stand *mahalo*, das heißt danke. Der Tourist sagt „Mahalo", die Landeskinder *„T'anks eh?"*. Echtem Hawaiianisch begegnet man noch bei Hulatänzen und in der Kirche. Die Dauerpräsenz der *haole*, der weißen Ausländer, hat für die Verbreitung eines englischen Plantagendialekts gesorgt. Spuren der Eingeborenensprache überlebten in wenigen Alltagswendungen wie *kakau no good*, die Qualität des Essens betreffend.

König Kamehameha IV. hatte sich seinerzeit voll hinter den Englischunterricht gestellt. Bald konnte die erste Hamlet-Aufführung über die Bühne gehen:

I stay or no I stay -
's da question, yeah.

Verschiedenen Einwanderergruppen ist es zu danken, daß hawaiianisches Englisch bunt und lebendig blieb. Bei manchen Äußerungen gerieten wir allerdings an die Grenzen unserer Dechiffrierkünste. Nur aus dem Zusammenhang heraus konnten wir enträtseln, daß eine aus Korea stammende Frau mit den Worten *all same too muchie good speak* einen allseits gelobten Arzt charakterisierte. Etwas leichter fielen uns portugiesisch gefärbte Varianten. Die Leute aus Madeira oder von den Azoren sagten *oque* (okay) oder *olraitche* (all right), wenn eine Sache lief, und schimpften denjenigen einen *sanabiche* (son-of-a-bitch), der ihnen das Leben schwer machte. Ein Streifenpolizist portugiesischer Herkunft weihte uns in die Besonderheiten seiner Tätigkeit und seiner Grammatik ein: *Us fellas on raddio patrol get all kine work for do.*

Kine ist das Allerweltswort. *Da kine* ist das Dings da. *Where da kine?* heißt so viel wie „Wo sind die Dinger?" Hawaiianisches Pidgin fällt regelmäßig kürzer aus als reguläres Englisch. Man stelle sich eine Szene in einer Diskothek vor. Der Haole sagt „May I have the pleasure of this dance?", der Einheimische *You like dance?* Glaubt ein Hawaiianer, sein Gegenüber starre ihn ungebührlich lange an, fragt er: *I owe you money o' wat?* Der andere könnte erwidern: *No talk stink!* Von dort ist es nicht mehr weit bis zu der Frage *Like beef?* – willst du Schläge? Die beiden Kontrahenten werden extrem, *they are pushing it to da max,* und es kann passieren, daß der eine dem andern den *okole* versohlt.

40. Mittelamerika

Natürlich hatten wir begriffen, wie das Summer Institute of Linguistics in Drittweltländern die USA als Ideal der Moderne hinstellt und dabei Washingtons Handelsinteressen den Weg ebnet. Aber dann waren wir doch überrascht, als uns am Flughafen von Mexico City die Taxifahrer mit drei stereotypen Fragen verfolgten: *Taxi? ... Shit? .... Fickifocki?* Mit *shit* war offenbar Rauschgift gemeint. Zum Glück hatten wir gleich Anschluß. In einer knappen Stunde gelangten wir mit *Tropic Air* zum *Goldson International Airport* von Belize City.

Belize

Der englische Dialekt von Belize – weiland British-Honduras – klingt vertraut, aber anfangs versteht man das wenigste. *Wat yu sey bawt dat?* oder *A wahn tel yu sungtin* war noch zu entschlüsseln. Doch bei *biychkumin* mußten wir raten: „beachcombing". Und ohne fremde Hilfe hätten wir den fröhlich geplärrten Satz einer angesäuselten Strandläuferin nie und nimmer verstanden: *Nutin nev duw dhi man, ahl di mata wid im waz dut i kudn pik up*. Das bedeutete: „There was nothing wrong with the man, his only problem was that he was impotent."

In einer dunklen Kneipe an der Queen Street setzten wir uns zu einer *cowfeet soup* nieder, ehe wir uns erschöpft in unser Quartier zurückzogen. Im Hotelzimmer lag auf dem Nachttisch ein Exemplar von „The Beacon". Das geschriebene Kreolisch ließ sich sehr viel leichter verstehen als das gesprochene. In einem sozialkritischen Artikel ging es um die Rationierung von Benzin und korrupte Politiker:

> *Dem no di study di people; dem di tink bout demself. In fact, dem di store up fu dem own eena gasoline tank an tings like dat. Dat di poor taximan an fisherman di get hurt eena di rush. Now dem can't even meck wan living.*

Belize vorgelagert ist Caye Caulker. Vor einigen Jahren hat ein Hurrikan diese Insel in zwei Hälften zerschnitten. „The cut is called the Cut", sagte unser Reiseführer mit einer gewissen Lakonik. Im *Aberdeen Chinese* Restaurant aßen wir eine Kleinigkeit, ehe wir einen Gang durch die nicht nur als Wortspiel enttäuschende *Seaing is Belizing Gallery* wagten. Bald kehrten wir daher aufs Festland zurück, nahmen eine der beiden asphaltierten Straßen und verließen das Land.

Nicaragua

Die Misquito-Küste ist die zum Atlantik hin gelegene, wenig erschlossene Region im Osten von Nicaragua. Historisch gesehen sind die Misquito-Indianer Brandrodungsbauern gewesen, die vor allem Maniok anbauten. Ihre Englischkenntnisse stammen aus der Zeit, als sie mit den Briten gegen die Spanier fochten. Ihre politischen Führer tragen heute noch englische Vornamen: *Steadman* Fagoth oder *Brooklyn* Rivera oder *Wycliff* Diego. Von Managua aus machten wir uns auf den beschwerlichen Weg zur Atlantikküste. Auf halber Strecke, in Rama, tankten wir an der Esso-Station und verzehrten eine *hamburguesa* mit *queso*. Unsere einzige Unterhaltung war die Schlagermusik aus dem Radio: *Ay lov yuw, pliyz Beyb, ow, am dayin fa yuw.*

Spät am Abend erreichten wir Bluefields, die regionale Hauptstadt. Dort, in der protestantischen Kirche, wurden einst die Könige der Misquitos gekrönt. Im Hotel *Hollywood* waren noch Zimmer frei. Dem Inhalt, nicht der Aussprache nach, hätte der Besitzer unser kurzes Gespräch nicht britischer eröffnen können: *Di weda gud*. Kein Hurrikan im Anzug? erkundigten wir uns höflich. Er: *No wori wi dat, no wori*. Wohin die Reise gehe, wollte er wissen. Nach Colon, erwiderten wir wahrheitsgemäß. *Ai hav a ongkel wat iz in Kuolon*, sagte er. Wir heuchelten Interesse. *He don' spiyk iyngglish, hi iz jarman*, fuhr er fort, doch das konnten wir nun leider auch nicht ändern.

Beim abendlichen Hafenrundgang wurden wir Zeuge einer Unterhaltung zwischen zwei Männern und einer Frau. *Les go dahns,* sagte der eine der beiden Männer. Der andere lehnte ab. Der erste wieder: *Len'me you ool leedi fo'tri deez*. Während sich der andere diesen Handel anscheinend noch durch den Kopf gehen ließ, hatte sich die Frau bereits entschieden: *A no wan a ting tu du wid yu*. Wir hielten eine Politik der Nichteinmischung für das klügste und wandten uns wieder dem besser beleuchteten Stadtzentrum zu.

Panama

Die Sprache der Panameños kannten wir bisher nur aus den Liedern von Rubén Blades:

Grandaddy was a West Indian Man
y vivió y murió en Panamá.

Eine Reihe spanisch klingender Wörter leitet sich direkt vom Englischen her, *botla* von „bottle“, *carro* von „car“, *guachimán* von „watchman“, das letztere ein gefragter Beruf in diesem mit vielen fremden Moneten gesegneten Land.

Wir begannen unseren Streifzug in der Provinz Bocas del Toro. Dort wird unterschieden zwischen *priti inglish* und *buk tahk* oder „book talk“, das ist die Sprache der Akademiker. Eine dritte Form ist panamaisches Kreolisch, auch *Wari-Wari* genannt, an das sich unser Ohr erst gewöhnen mußte: *Yukan memba wat yiyr yu pupa ded?* – kannst du dich erinnern, wann dein Vater starb? *No, hay no rimemba it at ahl.*

Im Malaria-Institut, das im Gebäude der Pension *Peck* untergebracht ist, holten wir uns die neuesten Informationen und Lariam-Tabletten im Wert von *twenti-fay dala.* Dann brachte uns ein Schiff nach Colon und von dort auf die offene karibische See.

41. Karibik

Jamaika

Wo anders ließe sich karibische Lebenslust besser einfangen als im Hotel *Hedonism*, dachten wir und waren dort abgestiegen. Der Diskobetrieb überforderte dann aber doch unsere nervlichen Reserven, und als wir gar gebeten wurden, bei einem Volleyballspiel *nudes versus prudes* mitzumachen, zogen wir uns ins Landesinnere zurück, um dort unsere Sprachstudien wieder aufzunehmen.

Das jamaikanische Englisch lebt von Anleihen aus dem Französischen, Deutschen, Portugiesischen, Spanischen und den Indianersprachen. Der Sprachgebrauch ist durchrationalisiert. Ein guter Westinder zählt *five book* und schenkt sich das Plural-s, denn das Zahlwort sagt bereits, daß es mehrere Bücher sind. Eine unserer Reisebekanntschaften, der Sohn eines Lehrers – *my dadi bin titsa* –, gab uns einen Schnellkurs zum Verständnis der Sprache. Man könne Jamaikanisch nicht wirklich verstehen – *andastan di langgwij* – ohne einen Begriff von der Inselkultur als Ganzes zu haben – *bout di huol a die kolcha.* Standardenglisch wird in patriotischen Kreisen mit der abgehobenen Elite in Verbindung gebracht und abgelehnt. Falls sich demnächst eine Bürgerinitiative durchsetzt, werden die Verkehrszeichen ausgetauscht. „Keep left" würde zu *kip lef*, „No Right Turn" zu *No Ton Rait.*

Auf dem Weg zum Bob-Marley-Mausoleum fuhr ein Auto vor uns her, dessen Stoßstange ein frommer Spruch zierte: *God ain't dead. I talk wif him dis mawnin!* Jaimaikaner sind gottesfürchtige Menschen – mit Ausnahme der *nowherians*, die keiner Sekte angehören, und der *rummarians*, der Rumsäufer. Die Mehrzahl glaubt an einen allmächtigen Gott, den *big-massa*, der das Leben des einzelnen direkt bestimmt. Die Folge ist ein gesunder Fatalismus. In der gesamten Karibik gilt der Leitsatz: *Ef you born to heng, you can't droung,* woran sich die Menschen besonders beim Durchqueren des Bermuda-Dreiecks klammern.

Barbados

Die Homepage der Fremdenverkehrszentrale von Trinidad lieferte eine Fülle von Informationen unter dem Suchbegriff *Carnival in de net* – Grund genug, diese Insel ganz zu meiden und uns gleich nach Barbados einzuschiffen. Dort und auf Montserrat sollte es dem Vernehmen nach winzige irische Sprachinseln geben, die aber bis zu unserem Eintreffen anscheinend untergegangen waren. Unüberhörbar war der Einfluß der Engländer. In der Kolonialzeit hieß Barbados noch *Little England* oder *Bimshire*. Regelmäßiger Sprachunterricht ist den Einheimischen vorenthalten worden. Das in den Mischehen zwischen Weißen und Schwarzen gepflegte *bedroom pidgin* hatte einen eher beschränkten Wortschatz. Ein paar schottische Laute hört man noch von den Nachfahren der *Redlegs* im nordöstlich gelegenen *Scotland District*. Nachdem linguistisch nicht mehr zu holen war, kauften wir auf dem *Cheapside Market* in Bridgetown noch ein paar fluoreszierende Schnürsenkel und setzen unser *Island-hopping* fort.

Kuba

Chikin meri, ha:k de nia – wenn das Huhn glücklich ist, ist der Falke schon in der Nähe. Diese alte karibische Weisheit hat sich nirgendwo so bestätigt wie auf Kuba. Zu den Reliquien der kubanischen Revolution gehört der Lieferwagen einer Wäscherei mit der Aufschrift *Fast Delivery*. Mit ihm waren Castros Mannen auf Batistas Palast vorgerückt und hatten eine schlimme Epoche in der Geschichte der Insel beendet.

Auf Souvenirjagd in Havanna entdeckten wir ein Geschäft, das zweisprachig *Compras faciles – easy shopping* versprach. War das ironisch gemeint? Der Ladenbesitzer wollte sich nicht festlegen; man mußte vorsichtig sein. Die Regierung will sich nach und nach von den Russen lösen, aber noch war in Varadero und an anderen Touristenorten eine *Stainless Razorblade Leningrad* zu haben. Am begehrtesten sind Artikel, die unters Embargo der *Yanquis* fallen. Aus Vaterlandsliebe spricht man die geschmuggelten Nietenhosen wenigstens spanisch aus: *blu chéans*.

An der Playa Giron verbrachten wir ein paar geruhsame Tage. Kuba läßt seine Gäste leben, und wir haben dies dankbar genossen, auch wenn die Insel nicht zu den blühenden Demokratien nach dem britischen Westminster-Modell zählt, wie dies in der übrigen Karibik der Fall ist.

Surinam

Auf dem kurzen Flug nach Paramaribo fiel uns ein Exemplar der „Curaçao Gazette" in die Hände. Gerne hätten wir von dem dort angepriesenen Werbegeschenk Gebrauch gemacht: *3 hand embroidered handkerchiefs, 2 hand embroidered guest towels and one embroidered hot roll.* Aber schon lockte Surinam mit seiner merkwürdigen Landessprache. Die Zuckerplantagen entlang der Küste wurden von Europäern und ihren Sklaven eingerichtet. Die Verkehrssprache war „Negerenglisch" oder *Taki-Taki*, das neben europäischen auch westafrikanische Elemente enthält. Früher war dies bloß verdorbenes Englisch, heute heißt diese Sprache *Sranan*. Wie weit sich dieses Idiom vom Englisch der Königin entfernt hat, wurde uns klar, als der Besitzer einer Bar, in der wir Schutz vor der sengenden Hitze gesucht hatten, auf die Erdnüsse am

Tresen zeigte. *Begi pardon*, sagte er höflich, *yu mu poti wan koko na ini yu moto* – „you must put a nut in your mouth".

Der Aufenthalt gestaltete sich schwierig, da wir in Surinam niemanden kannten und sich starke Verständigungsprobleme einstellten. Abends im Restaurant lasen wir dem Wirt einfach eine Zeile aus dem Sprachführer vor: *Mi za lobbi fo jam wan fogele* – „I would love to eat chicken". Das funktionierte, und es schmeckte. Wir zollten dem Wirt unsere Anerkennung, indem wir uns mit der flachen Hand den Magen tätschelten und „very good" riefen. Er lächelte geschmeichelt, deutete zuerst mit dem Daumen in Richtung Küche und sagte *Mi weifi!*, dann mit dem Zeigefinger auf den abgegessenen Teller: *lekki pleti!* Aber so gut war es nun auch wieder nicht gewesen.

Ein *blakaman* verließ schwankend das Lokal. *Mi blaka*, lallte er im Hinausgehen, *ma mi no di slibi na smoko*. („I'm black, but I don't sleep in the smoke.") *A dringi tee vo droengo*, sagte der Wirt augenzwinkernd, was so viel heißen mußte wie „he drank until he got drunk". Hemingways zeitloses Diktum „let's drink and get drunk" war sozusagen *klosibei*. Ob man dem Mann nicht helfen solle, bedeuteten wir dem Wirt. *Hem kann helpi hem srefi*, erwiderte der lachend. Auf dem Weg zum Hotel – *Gadi blesi* war es nicht *farawei* – wurde uns die existenzielle Notwendigkeit von Fremdsprachenkenntnissen wieder einmal bewußt, als wir den Betrunkenen ein- und dann überholten. *Mi zweri mi brokki jo hedde*, brabbelte er hinter uns her, was im Kontext wohl hieß „I swear, I'll break your head" und von uns heuristisch als fremdenfeindlich eingestuft wurde.

Bahamas

Der Taxifahrer, der uns vom Flughafen Nassau zum Hotel fuhr, versicherte: *We Bahamians does speak broken English*, was durchaus glaubwürdig klang. Kaum jemand gab sich mit *deep English* ab, wie Standardenglisch auf den Bahamas heißt. Eine Spezialität dieser Inseln sind die *five pound words*, so benannt nach der Höhe der Geldstrafe, mit der obszöne Ausdrücke geahndet werden. Lauschte man unserem Chauffeur, schienen sie dadurch noch attraktiver geworden zu sein. *Nobuddy in we fambly don't speak no more dan four languages: English, Bahamian, profane an'obscene.*

Allein für die Vagina soll es hunderte von Begriffen geben. Wir notierten nur schnell *bobo* und *collection box*, welch letzteres nur indirekt karitativ gemeint ist.

Auf der Straße fragten wir einen *Island man* – so bezeichnen sich die Einheimischen selbst – nach einem guten Restaurant. Er zeigte uns mit ausgestrecktem Arm die Richtung und sagte freundlich: *You might coulda find it there*. Um in der Landessprache zu bleiben: *We was dying for hungry*. Über dem Küchenfeuer hingen die *chamber pots*, wie die großen Kochtöpfe hier in aller Unschuld genannt werden. Gerade hatten wir uns über unser Essen gebeugt, als zwei Tische weiter ein Aufruhr entstand. *That fish smell stink*, rief ein Gast und schleuderte seine Serviette zu Boden. Der Wirt eilte herbei, versprach Ersatz und führte zu seiner Entschuldigung an, daß Fische und andere Meeresfrüchte aus Kanada importiert werden, was stimmte. Kaum hatte sich die Aufregung gelegt, fing ein Kind an zu weinen und zu wehklagen. *Pain-a-belly bad-bad*, sagte es ein übers andre mal. Mama, *I want caca bad-bad*. Wir zahlten.

Auf der Hotelterrasse sitzend ließen wir den Abend ausklingen. Der Mond schien durch die Yuccapalmen. *Pity-ma-dick, pity-ma-dick* riefen ungestraft die Nachtfalken, die man nur auf diesen Inseln findet. Ein Herr in einem frischgebügelten weißen Anzug stellte uns seine Gattin vor: *Da's my old lady – she good beef*. Daß er nicht ihre Kochkünste meinte, ging aus ihrer Antwort hervor: *Why your mama didn't learn you manners?*

Auf den Bahamas ist es nicht unüblich, die eigene Frau als *back-up wife* zu betrachten. Sie ist gewissermaßen für die Grundversorgung zuständig. In der Hierarchie folgt die etatmäßige Geliebte oder *main squeeze*. Sie steht meist im Mittelpunkt des *brig-gabum-bram* oder Hauskrachs und ist nicht ganz unbeteiligt an der Verbreitung von Krankheiten, für die man noch den altmodischen Begriff *gentleman's fever* bereit hält.

In unserem Reiseführer stand geschrieben, daß auf einen weißen sechs schwarze Inselbewohner kommen. In Wirklichkeit zählten wir über zwanzig Farbschattierungen. Die Palette reichte von *navy-blue-black, smokey, choclate, cocoabrown* über *mix-up* bis zu *red, hardred, high yaller, pinky* und *cracker*. Das Axiom in dieser Pigmentokratie lautet: je heller, desto angesehener. Nur die US-Touristinnen, die sich mit schwarzen Island boys einlassen und *watergates* genannt werden, halten sich nicht an den Farbkodex, weshalb man sie mit Verachtung straft. *They go wild in the bushes*, flüsterte uns eine Einheimische zu. Wir untersagten unserer Phantasie, uns näher damit zu befassen.

Puerto Rico

No espik beri gud di inglis, beteuerte die Frau, die uns in San Juan einen Stadtplan verkaufte. Aber man mußte sie als Ausnahme betrachten, denn die meisten Puertorikaner sind *fluent in ambos idiomas*. Das gilt besonders für die *Nuyoricans*, also diejenigen, die eine Zeitlang in New York gelebt haben, und das sind nicht wenige.

Aquí your credito is good, versicherte uns der Hotelier in stolzem *Spanglish* und entschuldigte sich für das Kauderwelsch postwendend mit den Worten: *Sometimes I'll start a sentence in English y terminó en español.*

Zum *Brekfast special* wurden *panqueques* gereicht. Hinterher versorgten wir endlich *el londri* in einem Münzwaschsalon und genehmigten uns gegen die aufkommende Hitze ein *Siete Arriba* (7up). Dann war schon wieder Zeit *para lonchar* – fürs Mittagessen. Am Nebentisch verwickelte uns ein Gast in ein Gespräch, das uns fast den Appetit genommen hätte: *I used to eat bofe (beef), the brain. And then they stopped selling it, because le encontraran que tenía worms.*

Am späten Nachmittag hatte die Hitze etwas nachgelassen. Wir bestiegen einen Guagua und fuhren auf der Ruta Panoramica quer über die Insel. Zahlreiche Reklametafeln säumten die Straße – *Hambergers – Dinning Room – Lower Braun* (Löwenbräu) – *Christ Is Comming*. Tatsächlich, wir befanden uns in der Vorweihnachtszeit, der *Greetings Season*, wie man hier sagte. *Vamos shópin* hieß die Parole, so wie überall im christlichen Teil der Welt. Die Verkäuferin in einem Schuhgeschäft klärte uns über die neuesten Weihnachtsbräuche auf: *Ahora los regalos are placed in stockings en Christmas Eve that in the old days era conocida como Noche Buena.*

Die Feiertage warteten wir in Ponce an der Südküste ab. Wir nahmen die Gelegenheit wahr, ein Baseballspiel zu besuchen. *El beísbol es mi hobby favorito*, hörten wir mehr als einmal. Auf Weihnachten folgte gleich ein neuer Feiertag, das Fest der unschuldigen Kinder, das viele Puertorikaner dazu benutzten, sich einen guten Hahnenkampf anzuschauen.

Das Fremdenverkehrsamt von Ponce war in der *Casa Armstrong Poventud* untergebracht. Dort erkundigten wir uns, was wir noch unternehmen könnten. Man riet uns zu der kleinen Ferieninsel Caja de Muertos, die nicht weit vor der Küste liegt und optisch einem Sarg ähnelt. Fasziniert beobachteten wir dort Meeresschildkröten bei der Eiablage. Am Ende war eine unserer Kameras verschwunden. *Los drogaddictos*, mutmaßte ein Passant.

An der „New School of Social Research" in New York hat es einmal einen Kurs für *Spanglish* gegeben, der von Ärzten und Sozialarbeitern gut angenommen wurde. Selbst auf der Insel bröckelt der rein spanische Wortschatz ab. Ein Kollege aus Salamanca erfragte als Gast an der Universität von Puerto Rico beim Hausverwalter die Lage des *paraninfo*, woselbst er in der *assembly hall* einen Vortrag halten sollte. Der Hausverwalter zuckte die Achseln, er spreche kein Englisch. Worauf der Spanier ihm eine Beschreibung seines Zieles gab. Dem Hausverwalter ging ein Licht auf. Das, was der werte Gast suche, heiße auf Spanisch *asemblijohl*. Und wies ihm anstandslos den Weg.

42. Kanada

Im Jahrhundert der Aufklärung war Kanada ein Schlachtfeld, auf dem Engländer und Franzosen sich bekriegten. Die Nachwirkungen dieser Feindseligkeiten sind immer noch zu spüren; sie werden hauptsächlich auf der sprachlichen Ebene ausgetragen. In der Auslage des Bookshops am Torontoer Flughafen fiel unser Blick gleich auf ein Werk mit dem Titel *La Guerre, yes Sir!*

Zusammenstöße zwischen Anglo- und Frankophonen gehen meist unentschieden aus. Die Bewohner umkämpfter Landesteile wechseln, um sich nicht zu kompromittieren, zwischen beiden Sprachen hin und her. Ein Immobilienmakler pries uns seine Wohnung mit den Worten an: *Il y a toutes sortes de chambres là, un dining room, un living room, un family room.* Der Hauswirt, bei dem wir uns vorstellten, betonte *J'aime avoir du peace and quiet*, und einer unserer neuen Nachbarn überfiel uns mit der Frage *Avez vous entendu the latest gossip?*

Als 1776 scharenweise Loyalisten auf der Flucht vor Jefferson und anderen Landesverrätern in Kanada einfielen, befürchteten alteingesessene Siedler die Degeneration ihrer Sprache zu einem Neger-Patois oder zu chinesischem Pidgin. Das Beharren auf der linguistischen Unabhängigkeit führte 1852 zur Schlacht um die Beibehaltung von *plough*. Sie endete mit der Niederlage von *plow*. Die Autonomiebestrebungen von damals hatten weitreichende Folgen. Der moderne Kanadier besorgt sich seine Autoreifen in einem *tire centre* und nicht wie der Engländer in einem *tyre centre* oder der Amerikaner in einem *tire center*.

Der Zustrom von Einwanderern hat freilich das kanadische Englisch nicht unbeschädigt gelassen. Draußen, in den Präriestaaten, entstand als eine der Mischsprachen das Ukrainian-Cree. Auf Torontos Straßen hört man jetzt wieder mehr Urdu. Daß der Begriff „multikulturell" in Kanada geprägt worden ist, wurde uns bewußt, als wir in dem Örtchen Cardston, im letzten Winkel der Provinz Alberta, eine *Tibetan pizza* vorgesetzt bekamen.

Hinten am Lake Owatawetness macht sich der deutsche Einfluß nicht nur im Geruch von *smearcase* bemerkbar. Die Mennoniten kochen *food that schmecks*, die benachbarte Sekte der Hutterer ist berühmt für ihre *Käspei*, einen Quarkkuchen mit Vanille-Eis. Hutterer verweigern als Pazifisten die Einkommensteuer und begründen dies mit dem Satz *Inkomtäx is Blutsteir.*

Auf J. B. Priestley, der das Land vor uns bereist hatte, wirkte die Aussprache der Kanadier, als würden sie von der unheilbaren Krankheit erzählen, die sie befallen hat. „Out" klingt aus ihrem Munde wie *oot* und „about" wie *aboot*. Befremden erzeugt anfangs der nasale Tonfall und das Heben der Stimme bei Diphtongen. Gehoben wird die Stimme auch bei Abfragen der nationalen Identität: *Canadian, eh?*

Wie andere Reisende mußten wir uns an die idiosynkratische Aussprache von Ortsnamen erst gewöhnen, an *Labberdor* (Labrador), *Noophun Lund* (Newfoundland) oder *Trawna* (Toronto). In der Hauptstadt *Addawa* (Ottawa) befindet sich das Zentrum der *plitti cull power* (political power).

In der Öffentlichkeit zeigt der Kanadier eine gewisse Umständlichkeit beim Formulieren. Wo ein deutscher Gast „Zahlen!" schreit, sagt der Kanadier mit sanfter Stimme *You may slowly start getting the bill ready.* Im privaten Kreis hingegen, dort wo er sich sicher fühlt, übt er Sprachverkürzung. „As a matter of fact" klingt wie *zmarra fack*. „How do you like my new suit?" verdichtet er zu *Jalike mnoo suit?*

Aus der Sprache der Eskimos haben weiße Fallensteller *kayak* oder *anorak* aufgeschnappt, von den Küstenindianern *salt-chuck* für Ozean. *Calgary redeye* (Bier mit Tomatensaft) und andere Regionalismen beleben die Sprache und geben ihr Farbe. Der spielerische Umgang mit Wörtern reicht bis hinauf zum Premierminister. John Diefenbaker hat sich mit der Passage *in the event that this eventuality should be eventuated* in die Sprachgeschichte eingeschrieben. Sprachwitz drückt sich in sprechenden Eigennamen aus. In Saskatchewan lasen wir im Polizeibericht der Zeitung „Star-Phoenix": *A man found strangled to death in downtown Saskatoon was identified als 46-year-old Joseph Longneck.*

Montreal liegt in der Provinz *Kwee-beck* (Quebec). Dort mußte ein Computerladen auf Anordnung der Sprachbehörden seine rein englische Webside ins Französiche übersetzen. Fieberhaft arbeitet die Regierung daran, französische Äquivalente für Internetbegriffe zu finden. In der Gastronomie wurde das Happy

Meal eines Hackfleischverarbeiters in *Joyeux Festin*, die Chicken McNuggets in *McCroquettes* umgetauft, Weekend muß *fin de semaine* heißen. Das Gesetz mit der Numero 101 machte Französisch in dieser Region zur alleinigen Amtssprache. Der Zugang zu englischsprachigen Schulen wurde erschwert, öffentliche Schilder mußten frankophon sein, garbage war *garba:sch* auszusprechen. Ein Motelbesitzer in St. Anne-de-Beaupré wurde bestraft, weil er das Schild *Office* statt Réception aufgehängt und die Sprachpolizei sofort Anzeige erstattet hatte.

„Commettre un anglicisme" wurde zu einem strafwürdigen Tatbestand. Nachdem in der Bevölkerung einige Unruhe entstanden war, wurde Gesetz No. 101 abgemildert. Fortan sollten englische Schilder im Laden erlaubt, außerhalb des Ladens verboten sein. Das entsprechende Gesetz wird unter dem Namen *inside outside law* zitiert, brachte aber die gewünschte Rechtssicherheit nicht zuwege. Der Besitzer eines Bistros mußte freigesprochen werden, weil seine Verteidiger nachweisen konnten, daß *rosbif* ein Gallizismus ist, der erst im 18. Jahrhundert Eingang ins Englische gefunden hat und zu Unrecht als Anglizismus kriminalisiert worden war.

Ab dem 19. Jahrhundert entwickelte sich das Englische an der Ostküste zu einer nicht-rhotischen Sprache*, doch blieben Kanadas maritime Provinzen rhotisch. Derlei Feinheiten konnten wir dem *Dictionary of Prince Edward Island English* entnehmen, einer winzigen Insel im Atlantik. Auch Neufundland, eine der entlegensten Sprachinseln der Welt, hat sein eigenes Lexikon. Jeder Neufundländer ist stolz darauf, sich vom *come-from-away,* dem Fremden vom Festland, zu unterscheiden. Laut Fachliteratur war auf der neufundländischen Halbinsel Avalon das Hiberno- oder irische Englisch recht gut konserviert. Angeblich sollten dort seltene Vokabeln sorgfältig gepflegt worden sein. Unsere diesbezüglichen Nachforschungen waren allerdings wenig ergiebig. Man könnte sie sogar als wissenschaftlichen Rückschlag einstufen:

„What do you call the vapour that rises
off the water after a cold night?"
„*Vapour.*"

* In nicht-rhotischen Sprachen wird der Buchstabe r vor und zwischen, aber nicht nach Vokalen gesprochen.

oder

> „What do you call the stick used for stirring porridge?"
> *„Porridge stick."*

Der aus England stammende Wirtschaftstheoretiker Stephen Leacock behauptete, er hätte beim Verlassen seines Heimatlandes Englisch gesprochen, aber in Kanada diese Sprache verloren und nie mehr wiedergefunden. Die Frage einer *nash null language* (national language) bewegt den kanadischen Staatsbürger sehr. Mit überschäumender Freude registrierte ein Linguist, daß (*aw*) in Toronto nicht anders ausgesprochen wird als in Vancouver oder Victoria. Ein eigenständiges Idiom gehört zur kanadischen *eye denty* (identity) und soll Unterscheidungsmerkmal sein gegenüber den mächtigen Nachbarn im Süden, den *Mare Cans* (Americans). Den kanadischen Frauen fällt hierbei eine wichtige Rolle zu. Als im Sommer die Autokarawanen zu den einsam gelegenen Cottages aufbrachen, sahen wir an so mancher Stoßstange den Aufkleber *Women's Place is in Control.* Nicht zufällig ist in Kanada eine Bibelübersetzung herausgekommen, worin Gott nicht mehr als rein männlich begriffen wird – sehr zum Leidwesen von Dogmeneinpeitscher Ratzinger im Vatikan, der sofort ein Verbot erließ.

Die Statik, die Soziologen in der kanadischen Gesellschaft beobachtet haben wollen, bezieht sich gewiß nicht auf die Sprachkultur. Ähnlich wie in Australien existiert auch in Kanada eine agile Minderheit, die das Englische gehörig umkrempeln will. Als erstes soll der Buchstabe „q" abgeschafft, „quality" zu *kwality* werden. Zeitwörter kommen ohne Konjugation aus: *he go; the dog bark*. Überflüssige Buchstaben entfallen, aus „earth" wird *erth*, aus „gone" wird *gon*, aus „love" wird *lov.* Die Sprachreformer bringen eine eigene Zeitung heraus, *the furst nuzepaper in the wurld to be printed in the canaden langwaje.* Die gegenwärtige Sprache wird als *inefisient, owtdated, faalur-cawzing* und *unstabel* eingestuft. Sie befördere nur den Analphabetismus:

> *The enormous amownt ov illiterasy wich exist in every anglofonic cuntry iz the direct rezult ov the irrasional and erratic nature ov the english langwaje.*

Die neue Sprache dagegen sei *eezy tu lern and tu uze becawz ov its rijid rules.*

Wir wurden mit diesem *linggwistic endevor* erst kurz vor unserer Abreise bekanntgemacht und konnten uns ihm nicht mehr mit voller Kraft widmen, ganz abgesehen davon, daß uns das Thema langsam zum Halse heraushing. Aber so viel hatten wir noch mitbekommen, daß „gh“ künftig zu „f“ werden soll und „enough“ zu *enuf*.

43. USA

Englisch ist nicht die Amtssprache der USA, das ist höchstrichterlich festgestellt worden. Die Gründungsväter der amerikanischen Republik hatten sich gegen das klassische englische Idiom ausgesprochen. Ihrer Ansicht nach gab es bereits genug tote Sprachen auf der Welt. Noah Webster, der erste Lexikograph der jungen Nation, betrieb die Trennung des amerikanischen vom britischen Englisch mit religiösem Eifer. Bei einigen Amerikanern war der Affekt gegen das ehemalige Mutterland so groß, daß sie an eine andere Landessprache dachten, an Französisch, Griechisch oder Hebräisch. Ein Mann namens Richard White erklärte Grammatikregeln zu mittelalterlichen Relikten – weg damit!

Und so entstand im Laufe des 19. Jahrhunderts unter der Bezeichnung *da Murrican langwidge* eine radikal neue Verkehrssprache, ein *barbaric yawp*, auf den ihre Sprecher noch stolz waren.

In letzter Zeit hat ein Umdenken eingesetzt. Bürger mit urbritischen Namen wie S. I. Hayakawa oder Mauro Mujica wollen unter dem Banner *English First* eine Verfassungsänderung durchsetzen, die Englisch zur offiziellen Sprache der USA erheben würde. In einigen Bundesstaaten soll dies bereits der Fall sein. Die objektive Berechtigung dieser Initiative läßt sich kaum leugnen: 47 Prozent aller erwachsenen Amerikaner verfügen über nur mangelhafte Englischkenntnisse. Die Sprachbarriere zwischen Briten und Amerikanern ist in der Vergangenheit unauffällig, aber umso effektiver mit Hilfsverben errichtet worden.

Amerikanerin: „*Do you have many children?*“
Engländerin: „*No, only one a year.*“

Aus britischer Sicht ist Amerikanisch eine Kolonialsprache geblieben. Der englische Schriftsteller Evelyn Waugh urteilte über die amerikanische Schriftstellerin Gertrude Stein: „She is outside the worldorder in which words have a precise and ascertainable meaning and sentences a logical structure." Die Vergewaltigung des Logos ist alltäglich. *Americans drive in a parkway and park in a driveway.* Auf Schritt und Tritt begegneten uns Pleonasmen wie *young juveniles* oder Oxymora à la *business ethics, educational television* und *moral majority*. Jedermann scheint sich seine eigene Rechtschreibung genehmigen zu dürfen. An einer Autostoßstange lasen wir die pazifistische Mahnung *Visualize Whirled Peas*. Die Lexik schlägt Kapriolen. Will man austreten, müssen Männer sich nach dem *bathroom*, Frauen nach dem *powder room* begeben.

Das Erfrischende an Amerikanern alter Schule war ihre Begabung für phonosymbolische Kürze. Aus dem umständlichen „Would you please keep your voive down" machten sie ein herzliches *Shut up*. „Something" wurde zu *sump'n* und „What's the trouble" zu einem zeitsparenden *'Strouble?* Der gute alte Doc nannte einen Kranken ohne Heilungschancen halt einen *pre-stiff*, und ein echter Trapper machte sich im Telegrammstil verständlich: *Long time no see*.

Irgendwann jedoch schlug die Kürze in ihr Gegenteil um. Die Akademisierung der Gesellschaft hat in allen Lebensbereichen immer längere und kompliziertere Sprachformen erzeugt. Der „toothpick" wurde zum *wood interdental stimulator*, der „garbage truck" zu einem *man-operated residential refuse collection and compaction vehicle*. Besonders stark ist besagte Tendenz auf dem Gebiet der Sexualität. Der Kuß ist dann das *sexual engagement at the oral level* und die Liebe der *cognitive-affective state characterized by intrusive and obsessive fantasizing concerning reciprocity of amorant feeling by the object of amorance*. Verhängnisvoll haben sich medizinische Fachbegriffe ausgewirkt. Das Krankenhaus wurde zum *wellness center*, das Altern zur *decreased propensity for cell replication* und der Tod zum *negative patient care outcome*.

Amerikaner haben keine Scheu vor der mehrfachen Verneinung. *I never said nothing to nobody* läßt sich am ehesten noch auf Bayrisch wiedergeben.* Bei Bürgern afrikanischer Abstammung ist diese Sprachmarotte womöglich noch ausgeprägter: *No*

* I hob nia zu neamd nix g'sogt.

way no girl can't wear no platform shoes to no amusement park. Wo sind Klarheit und Direktheit, die man den Yankees nachsagt, wenn ein Gouverneur aus dem Kernland sich so ausdrückt: *I didn't say that I didn't say it. I said that I didn't say that I said it* und dann noch *I want to make that very clear* hinterherschickt. Sprache droht unter diesen Voraussetzungen zum Gestammel zu verkommen, oder wie anders sollte man den Satz *If you don't trouble trouble, trouble won't trouble you* interpretieren?

Der öffentlichen Hand vorzuwerfen, sie würde Sprachforcher nicht fördern, wäre ungerecht. Erst kürzlich hat die US-Regierung einen Forschungsauftrag in Höhe von 120000 Dollar vergeben, damit festgestellt werde, warum Menschen das Wörtchen *ain't* verwenden. Im Grunde lebt die Forschung jedoch von der Kraft und Unerschrockenheit individueller Wissenschaftler. Stellvertretend für viele nennen wir hier Luanne von Schneidemesser, eine Pionierin auf dem Gebiet der Purzelbaumforschung, die mit analytischer Schärfe nachgewiesen hat, wo auf dem amerikanischen Kontinent *somersault,* wo *tumblesault* gebräuchlich ist. Man muß an diesem Punkt leider hinzusetzen, daß eine Sprache, die 15 mögliche Aussprachen für das Wort *Pennsylvania* zuläßt, letzlich nicht erforschbar ist.

Unter New Yorker Taxifahrern zählten wir 60 verschiedene Sprachen; Englisch war nicht darunter. Drüben in Brooklyn wird das „girl" zum *goil,* der „bird" zum *boid* und die Thirty-third Street zur *Toity-toid Street.* „Forget about it" mutiert zu *fuggedaboudit* und „get out of here" zu *gedoudahea.* Bei manchen New Yorker Ausdrücken ist die Beziehung zwischen Inhalt und Form komplett verlorengegangen. *Whaddya, whaddya* könnte dem Sinnzusammenhang nach so viel bedeuten wie „Are you crazy?"

In Neuengland stand die Wiege der amerikanischen Kultur, Boston ist das Zentrum der kulturellen Arroganz. Dort gehört es zum guten Ton, das „r" wegzulassen, wo es hingehört – *pahk yah cah in Hahvahd yahd* –, und es anzufügen, wo es nicht hingehört: *Cubar is a problem.* Der Willkür scheint Tür und Tor geöffnet. Weil es dermaßen viele Spielarten gibt, sagen spitze Zungen, daß amerikanisches Englisch bloß ein Phantom ist, eine Idealisierung.

Eine der wüstesten Varianten findet man tief im Süden. Dort macht die allgegenwärtige Monophtongierung aus „nice white

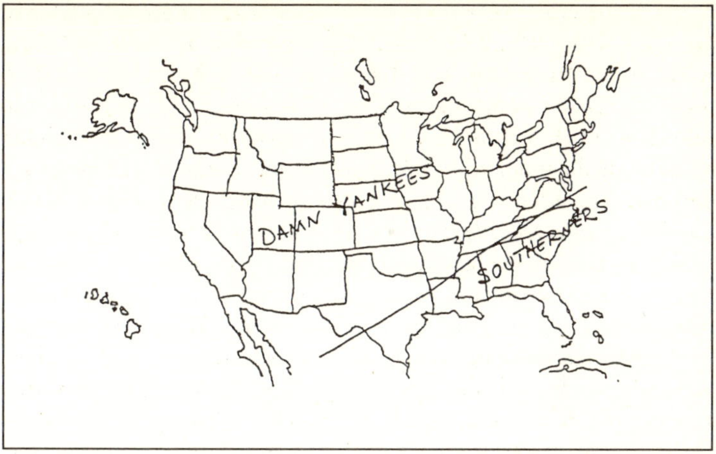

Die wichtigste Sprachgrenze der USA verläuft von der Chesapeake Bay ausgehend in südwestlicher Richtung, überquert bei 36° 30′ die alte Mason-Dixon-Line und endet hinter San Antonio am Rio Grande del Norte. Diesseits und jenseits dieser Grenze wird korrektes Englisch hauptsächlich von Ausländern gesprochen.

rice" ein *na:s wa:t ra:s. Awl bidness* heißt so viel wie „oil business" und *bobwar* bedeutet vermutlich „barbed wire".

Dann die Mischsprachen! In Florida sagen die Leute *tenga un nice day* oder *vamos de shopping*. Die Heimatlosigkeit der Kubaner in Miami hat zu Bildungen geführt wie *coger un sonbern* („get a sunburn"), *estar aveilabol* („be available") oder *sentirse daun* („feel sad"). In einem Mom-and-Pop-Store* drunten in El Paso wurden wir Zeuge eines auf Spanglish geführten Verkaufsgesprächs.

Kundin: „*Donde está el thin sliced bread?*"
Besitzer: „*Está en aisle three, sobre el second shelf, en el wrapper rojo.*"
Kundin: „*No lo encuentro.*"
Besitzer: „*Tal vez estamos out of it.*"

In einem Einwanderungsland sind Mischsprachen eine Naturgegebenheit. Der Süditaliener lernte bald *orráite* zu sagen, wenn er

* etwa: Tante-Emma-Laden.

„all right“ meinte. Seinen Eiskarren nannte er *il bisinisse*, und in seiner Freizeit besuchte er *un muvi*. An New Yorks Lower East Side hörte man um die Jahrhundertwende das jüdische Englisch osteuropäischer Immigranten: *In what shul does your zeydi daven on shabes?* – In welche Synagoge geht dein Großvater am Sabbath zum Beten? In den alten Minstrelshows entstand so etwas wie Afro-Sächsich (*Dis 'ere ting's played out – it's aus gespielt*). In der klassichen Einwanderungsepoche blieb den Greenhorns gar nichts anderes übrig, als Assimilationskompromisse zu schließen. Und noch heute gibt es so tragische Fälle wie den der schönen Vietnamesin, die an einen Deutschamerikaner geriet und plötzlich Hanh Nguyen-Ripplemeyer hieß.

Wenn man in Amerika korrektes Englisch hört, spricht meist ein Ausländer. Ein Afghane war es, der die Frage nach den Siegeschancen der „Red Sox“ in einem Stil beantwortete, der einen gebürtigem Amerikaner einfach überfordert hätte: *I am deferring to your judgment because currently I have not familiarized myself with these practices.* Die „New York Times“ mutmaßte, Menschen im hintersten Kurdistan würden besseres Englisch sprechen als junge Amerikaner. Hört man sich im College-Milieu um, wird dieser Verdacht bestätigt. Dort wird der „boyfriend“ zum *male scum* und das „girlfriend“ zum *slampiece. To get busy* umschreibt den Liebesakt. *Gotta haul ass* figuriert als routinemäßiger Abschiedsgruß. *Anal* heißt schlecht und *bad* das genaue Gegenteil, nämlich gut. Noch dunkler ist der „Cant“ der Unterschicht. Die Teenage Gangs von Los Angeles legen es geradezu darauf an, nicht verstanden zu werden. Nur ein Insider kann einen Satz wie den folgenden enträtseln: *I was in my hoopty around dimday when some mud duck with a trey-eight tried to fahe me out of the box.**

Somit waren wir nach unserer Weltumrundung in die Heimat zurückgekehrt und verstanden die eigene Muttersprache nicht mehr. Die soziale Bewegung der politischen Korrektheit tat keineswegs ein übriges, uns heimischer zu fühlen. Aus dem „waiter“ und der „waitress“ war eine *wait person* geworden. Ein Betrunkener war nicht betrunken, sondern *chemically challenged.* Die

* I was in my car around dark when a woman armed with a .38 caliber pistol tried to shoot me.

einzigen, denen wir ohne Mühe folgen konnten, waren die indianischen Ureinwohner. Und das kam daher, weil am Ende des Pionierzeitalters ein Politiker den Mut gefunden hatte zu sagen: „The language which is good enough for a white man or a black man ought to be good enough for the red man“. Nach einigen Anlaufschwierigkeiten (*squaw makum bed*) ist es genau so gekommen. Auf den Indianerschulen bildete sich das von dem deutschen Philologen Hugo Schuchardt untersuchte *Boarding School English* heraus, das heute dem Englisch der Weißen überlegen ist. Einem Indianer würde nie ein Lapsus wie dem Ex-Außenminister Haig unterlaufen, der vor einem Senatsausschuß sagte: *The question is too suppository*. Noch würde er sich wie Ex-Präsident Bush in einem inkohärenten Gestammel verlieren:

You're not going to see me stay put.
I'm not going to forsake my responsibility.
You may not see me put as much –
I mean, un .... unput as much.

Die amerikanische Presse ist sich des Sprachverfalls bewußt, kann ihn jedoch nicht aufhalten, beschleunigt ihn sogar. *Are young Americans be getting stupider?* fragte die „Gazette Times“ aus Oregon bang, doch scheint die Altersvariable nicht *die* Rolle zu spielen. *Illiteracy is Still a Problem Among Mississippi Adults* lautete in North Carolina eine Schlagzeile der „Henderson Times-News“. Keine Hoffnung birgt eine Kolumne des „Norfolk-Pilot Virginian“ mit dem Titel *How to Speak and Write Like a Colleg Graduate.* Es ist hohe Zeit, Englisch als Amtssprache bundesweit einzuführen, andernfalls Amerika der englischen Sprache den Garaus machen wird. Nur gut, daß der federführende Verband „English first“ so mächtige Organisationen hinter sich weiß wie die „Gun Owners of America“ und die „U.S. Border Patrol“.

Guam und Schluß

What a bore travel really is! Wie recht unser Landsmann Paul Bowles doch hatte. Erklärte sich unsere Verstimmung aus der Melancholie der Erfüllung? Wahrscheinlich war es nur diese verdammte zirkadiane Dysrhythmie, auch *jetlag* genannt. Immerhin waren wir am Ziel und entschlossen, auf dieser abgelegenen Insel unsere *field notes* zu sichten und unseren kurzen, aber wahrheitsgetreuen Bericht zu verfassen.

Guam ist ein historischer Ort: Von hier aus starteten die B-52, um die *hearts & minds* vietnamesischer Reisbauern zu gewinnen. Die Insel ist vor genau hundert Jahren von uns erobert und unter militärische Kontrolle gestellt worden. Besucher wurden nicht zugelassen, der Kokosvorhang hob sich erst wieder nach dem Ende des Kalten Krieges.

Die Frau eines U.S.-Marineoffiziers hat die Flagge von Guam entworfen, und Seeoffiziere waren es, die den Sprachunterricht ankurbelten. Der Seemann als Sprachlehrer? Man sollte meinen, genausogut könnte man von einer Berlitzdame verlangen, die Sechste Flotte um Kap Horn zu lotsen. Aber es funktionierte. Die Inselsprache Chamorro, mit ihren Grußworten *buenas días* oder *adíos* entfernt ans Spanische gemahnend, war bald überrollt. Der amerikanische Militärgouverneur erklärte, das Kernziel bestehe darin, *to help the child of the present generation to express itself (sic!) in English.* Auf dem Weg über den Fremdsprachenunterricht würde den Eingeborenen nach Ansicht der Soldaten auch Sauberkeit, Fleiß und korrektes Verhalten eingebleut.

Schroff gesagt gibt es keine Verknüpfung zwischen der Sympathie für und dem Gebrauch von Englisch. Die hegemoniale Kultur setzt sich auch gegen objektivierbare Interessen der Schwächeren durch. Nur so konnte Englisch zur Allerweltssprache werden, eine Entwicklung, die von einigen Fachkollegen inzwischen bedauert wird. Denn Englisch sei auf diese Weise zu der am meisten mißhandelten Sprache der Welt geworden. Egal ob auf den Fidschi-Inseln oder in Hauzenberg bei Passau – die Unfähigkeit von Ausländern, sprachliche Nuancen, das Halbausgesprochene, den Tiefencode zu erkennen, würde den Ruin des Englischen herbeiführen. Wir teilen diese Skepsis nicht. Erstens neigt die Lebertrangeneration dazu, den Zerfall der Sprache mit dem Untergang ihrer eigenen Hüftgelenke zu verwechseln. Zweitens kann man, Peter Sellers folgend, Ausländer oft daran erkennen, daß sie so gut Englisch sprechen. Wo dies nicht der Fall ist, haben Muttersprachler zu der Misere beigetragen, indem sie sich Fremden mit morphologisch vereinfachten Sätzen nähern à la *you no good* oder – veraltend – *me help you, yes?*

Die Begrenztheit des Forschungsertrags ist uns schmerzlich bewußt. Nicht einmal streifen konnten wir das koreanische Bamboo English, den Chinook Jargon und das Anglo-Argentinische. Die komparatistische Ebene haben wir gar nicht erst zu betreten versucht, so reizvoll es gewesen wäre zu ergründen, warum der Brite *fish ,n' chips*, der Australier *feesh and cheeps* und der Neuseeländer *fush and chups* vorzieht. New Zealand (*New Zillan*) präsentiert sich schon von der Aussprache her als gigantisches Forschungsfeld. Wir müssen es jüngeren Ohren überlassen, etwaige Unterschiede zwischen *here, hair, hear* and *hare* herauszufiltern. Auch vom Wortschatz her wäre Neuseeland ein lohnendes Forschungsziel. Warum ruft der Neuseeländer *hurray!* statt „goodbye"? Warum vertauscht er „thanks" und „please" und bittet um ein Stück Kuchen mit den Worten *Can I have a cake, thanks?*

„English for all" forderte der Herausgeber des Oxford English Dictionary (OED) und stellte linguistische Entbehrung auf eine Stufe mit Hunger und Armut. Es ist wahr: Die Maori mußten einfach Englisch beherrschen, sobald sie sich vor Gericht zu verantworten hatten, auch wenn darüber ihr metaphorisch geprägtes Sprachempfinden auf der Strecke blieb und einer direkten und analytischen Ausdrucksweise Platz machte. Daß dieser Ablauf nicht universell zu sein braucht, scheint das indonesische Beispiel zu belegen. Wohl begegnet man auf Bali einem durchrationalisierten Kaufmannsenglisch: *Pliis soping, Sir. Dis wan iys feri chiip. For yu sepesial prais*. Doch geht darüber die poetische Kraft Südostasiens keineswegs verloren. Vielmehr werden gerade simple Gebrauchsgegenstände mit Englisch dichterisch aufgewertet. Auf dem Lineal, mit dem wir all die Jahre in unseren Manuskripten Kursivdruck angedeutet haben, steht nicht nur „Made in Indonesia", sondern auch:

The breeze touching their cheeks
They just remembered remote from place
When they sees quietly the level.

In Ägypten sind im Zeichen der Kolonialherrschaft eine Reihe von englischen Lehnwörtern in die Landessprache übernommen worden: *aftershave, roof garden, shorts, tennis* – was der Durchschnittsaraber im Alltag eben so braucht. Pragmatisch war an-

Ungelöste Probleme der Pidginforschung: Einige der ältesten ägyptischen Fremdenverkehrshieroglyphen harren nach wie vor der Entschlüsselung.

scheinend auch das Kalkül eines Zimmermädchens im *Aqua Fun Hotel* zu Hurghada: *When I finish learn English, my pay will be increase by nearly ten times.* Doch womöglich liegt der tiefere Grund für die Attraktivität des Englischen darin, den avularen und pharyngelen Frikativen des klassischen Arabisch für eine Weile zu entrinnen.

Hier tun sich also gewaltige Forschungslücken auf, und die Zeit drängt. Denn man sollte sich nicht täuschen lassen: Der Anteil englischsprechender Menschen an der Weltbevölkerung ist rückläufig. Bei der Südtiroler Sprachgruppenzugehörigkeitserklärung spielt Englisch nicht die geringste Rolle. Im Zentrum für mittelfristige Wettervorhersagen wird neuerdings Deutsch als gleichberechtigte Sprache geführt. Die radikalsten Töne kommen wieder mal aus dem Schweizer Stichflammenjournalismus. Ein Blatt in Zürich rechnet mit Verschleißerscheinungen des Englischen durch Überbeanspruchung, so daß es – wie weiland Latein – zu einer toten Sprache herabsinken wird.

Weiterführende Literatur

A. Aquilina, *Il-kotba tal-Mogħdjia taż-żmien*, Malta 1973
Sobei Arawaka, *Gairaigo Jiten*, Tokio 1967
Z. Bánhidi, *A magyar sportnyelv története, sportnyelv-történeti szótárral*, Budapest 1971
Denis Bouchard, *On the Content of Empty Categories*, Dordrecht 1983
William Camden, *Gud Nyus Bilong Jisas Krais*, Auckland 1972
John Davison, „On Saying /aw/ in Victoria", in: *Toronto Working Papers in Linguistics*, 7, 1987, 109-22
K. Fokkema, *Beknopte Friese Spraakkunst*, Groningen 1948
Judy Galmur, *Kuwala beya en Mun bin bes fren*, Barunga 1983
Helmut Gneuss, „The Origin of Standard Oil English", in: *Anglo-Saxon England*, 1, 1970, 63 ff.
Ludger Kremer, *Grenzmundarten und Mundartgrenzen*, Köln 1979
Afferbeck Lauder, *Let Stalk Strine*, Sydney 1965
H. Leskinen, „Havaintoja englantilaisperäisten lainasanojen taivutuksesta", in: *Virittäjä*, 1981, 317 ff.
Robert Marquales, *Von Buchecker*n*, juvenilen Ziegen und der Gefahr für den deutschen Mischwald*, Ms. im Besitz des Verfassers
Mark T. Redwitz, „Initialesisch für Fortgeschrittenen", in: *Merkur*, 5, 1971, 505 ff.
H. R. Wullschlägel, *Deutsch-Negerenglisches Wörterbuch*, Löbau 1856

Bildnachweis

Seite 20: Bibliothèque Forney, Paris
Seite 23: Passion Cards
Seite 30: Süddeutsche Zeitung, 4./5. 11. 1967 (Abbildung und Legende)
Seite 31, 35, 46, 69, 93 und 99: Archiv des Autors
Seite 42: Foto: Jörg Modrow, Agentur Visum, Hamburg
Seite 51: D. Crystal, Cambridge Encyclopedia of Language, 1997, 337
Seite. 63 und 65: Bilderdienst Süddeutscher Verlag, München
Seite 71: Foto: Lothar Schulz, Bilderdienst Süddeutscher Verlag, München
Seite 95: English Today, April 1991
Seite 110: Canadian Forum, Januar 1977
Seite 117: Edgar Schneider, Focus on the USA, Amsterdam 1996, Fig. 10
Seite 122: English Today, Oktober 1987

Sprachregister

Zum Verfasser

R.W.B. McCormack ist 1939 in Euless City (Texas) geboren. Er studierte Ichthyologie (Fischkunde) am Whale Shippe College in Oklahoma, anschließend Psycholinguistik in Marburg und Paderborn. Unter dem Eindruck von Hammelraths Schrift „Teutonenkraft und sexuelle Frage" wandte er sich der Völkerkunde zu und promovierte in Santa Fé über das Schwirrholz bei den westlichen Pueblos.

Seine ethnographischen Hauptwerke *Tief in Bayern* (1991) und *Unter Deutschen* (1993) haben in der akademischen Landschaft tiefe Spuren hinterlassen.

Bis zu seiner Emeritierung wirkte McCormack als Professor für Ethnolinguistik an einer der größten Universitäten von Rhode Island. Gastprofessuren führten ihn an bedeutende europäische und asiatische Hochschulen. Sein wichtigstes Nebenforschungsgebiet erstreckt sich auf die Freßgewohnheiten juveniler Ziegen. Er ist Mitglied der Flat Earth Society, der Anti-Polygamy Association, des Lead Pencil Club und Träger der Alan-Sokal-Medaille für wissenschaftlichen Ernst.

Professor McCormack lebt heute zurückgezogen in Umatac auf Guam.